"马克思主义理论·爱国兴藏"系列丛书

马克思的
辩证时空理论

郭云峰◎著

華文出版社
SINO-CULTURE PRESS

图书在版编目（CIP）数据

马克思的辩证时空理论 / 郭云峰著. -- 北京 : 华文出版社, 2024.4

（“马克思主义理论 · 爱国兴藏”系列丛书 / 王彦智主编）

ISBN 978-7-5075-5917-0

Ⅰ. ①马… Ⅱ. ①郭… Ⅲ. ①唯物辩证法—研究 Ⅳ. ①B024

中国国家版本馆CIP数据核字(2024)第056859号

马克思的辩证时空理论

作　　者：郭云峰
责任编辑：张颖潇　修文龙
出版发行：华文出版社
社　　址：北京市西城区广安门外大街305号8区2号楼
邮政编码：100055
网　　址：http://www.hwcbs.cn
电　　话：总编室　010-58336239　　责任编辑　010-63426125
　　　　　发行部　010-58336267
经　　销：新华书店
印　　刷：固安县保利达印务有限公司
开　　本：710mm×1000mm　1/16
印　　张：13.25
字　　数：207千字
版　　次：2024年4月第1版
印　　次：2024年4月第1次印刷
标准书号：ISBN 978-7-5075-5917-0
定　　价：65.00元

序言

马克思的社会时空观是近代以来人文社会科学领域所取得的重要成就，它在哲学上的突出表现就是划时代的唯物史观的建立。近些年来，对历史唯物主义哲学的理解有一种空间化的倾向，由此也引发学界对历史唯物主义哲学所理解的时空问题的讨论。如何全面地理解马克思在时空问题上的基本观点，涉及能否全面理解历史唯物主义哲学的内涵和基本特征。它对于能否完整地继承和发展马克思主义，具有重要意义。

一、马克思的辩证时空理论研究综述

马克思的辩证时空理论是一种辩证的时空观，它是马克思主义世界观的理论基石。由于马克思的时空观把自然和社会、人和物、现实与趋势等视为一个能动的、矛盾运动的整体，因此，可以把它称为一种辩证的时空理论。其对社会历史发展的研究成果，不逊色于物理学领域在自然时间和空间方面的研究成果，而且是对物理学意义上的时空观的进一步发展和更高层次的综合。

马克思辩证时空理论的形成，是建立在近代自然科学和哲学发展成果的基础上的。影响马克思辩证时空理论的最直接的因素是黑格尔和费尔巴哈关于时空的新见解。黑格尔把时空概念和运动结合在一起理解，认为时间和空间是在运动中才得到其现实性，打破了牛顿的绝对时空观。费尔巴哈认为时间和空间是一切实体的存在形式[①]，建立起了唯物主义的时空观。它既是对康德时空观的克服，也是对黑格尔的唯心主义时空观的超越，这对于突破宗教和形而上学的束缚发挥了重要的思想解放作用。

通过对马克思著作的阅读可以发现，他频繁地从时间的视角解释社会生活及其历史发展，但是却很少就空间而谈空间，而是讨论社会生活空间中具体的实践、生产及其矛盾的发展趋势。事实上，马克思把社会生活空间看作一个由人的实践推动、能动的有机的总体，而不是仅仅关注作为物的空间自身。他不仅认识到社会空间中人的实践的作用，而且认识到社会生产关系、资本、技术、机器等因素也发挥着重要作用。他并不仅仅把空间归结为某一种空间的爆发式增长（如都市空间），而是重视对空间中的矛盾、空间异化及其发展趋势的分析。

由于马克思把社会生活看作一个能动的总体，因此，仅仅从时间或空间的视角理解他的思想具有一定局限性，容易陷入一种形而上学的“时间优先”或者“空间优先”的无意义争论。只有把马克思关于时间和空间的基本理解与社会生产的过程分析结合起来，才能完整地理解他的辩证时空理论。

很多学者往往是单纯地从时间或者空间的视角对马克思的观点进行分析，把马克思的时空观联系起来并结合原著进行考察的专门研究并不多见。对于这方面的研究，以下扼要介绍几位学者的观点。

最早将马克思关于时间和空间的观点联系起来考察的论文是刘奔的《时间是人类发展的空间——社会时—空特性初探》。在这篇文章中，刘奔肯定了唯物的、辩证的时空观对于理解运动本质的重要意义。他指出，黑格尔不仅把时空和运动结合起来理解，而且认为时空不可分离，应该研究运动的更具体的方式。对社会的时—空特性进行考察就是对社会历史运动的更具体的方式的研究。如果说黑格尔认为运动是通过空间而现实存在的时间，那么马克思则认为社会运动就是通过社会空间而现实存在的时间。人的劳动是社会运动的基本形式，它通过生产活动塑造了巨大的社会空间，就像蜜蜂通过劳动制造了蜂巢。在这个意义上就很

① 费尔巴哈．关于哲学改造的临时纲要［M］．洪潜，译．北京：生活·读书·新知三联书店，1958:9.

容易理解马克思所说的“时间是人类发展的空间”。刘奔不仅探讨了时间的结构和社会空间的相互关系，还分析了时间的空间化与空间的时间化，初步探讨了时空转换问题。当然，他对于早期马克思有关时空的观点并没有深入分析，对于马克思的成熟期思想也没有能够深入到内在矛盾的方面进行分析与考察。

俞吾金在其论文《马克思的时空观新论》中批判了传统教科书关于时空的解释，总结了马克思在《资本论》及其手稿中关于时空的基本观点，同时也补充了青年马克思在博士论文中关于时空的基本理解。他认为，传统教科书主要根据恩格斯的《反杜林论》《自然辩证法》和列宁的《唯物主义和经验批判主义》等著作理解马克思的时空理论，认为应该把时空的理解从“物质运动”领域转向“社会—人类活动”领域去考察。他肯定了传统教科书理解的时空观的历史意义，也指出了存在的严重缺陷。他认为，马克思主要是在“社会—人类活动”领域形成自己的时空观，只有对这个领域的考察所形成的时空观才能代表马克思的主要观点。

张奎良的论文《马克思时空观新论》则比较了马克思和恩格斯对时空概念的不同理解，提出了实践时空是马克思时空观的内核，物质时空和信息时空则是马克思所理解的实践时空的生成基础和延伸。他认为，恩格斯在其著作中的观点，马克思是赞同的，应当视为马克思时空观的基本观点。张先生同时提出时空适度和时空调控问题也具有重要的理论和实践意义，需要加以研究。

国外马克思主义者更多结合资本主义的新发展，从“空间”的角度运用马克思主义的方法对当代资本主义存在的问题进行分析，而结合原著对马克思的时空观进行专门研究的则比较缺乏。他们甚至认为马克思关于时间和历史的论述很多，但是在空间维度对资本主义的分析则需要补充。

（一）国内的研究状况

自20世纪中叶以来，尤其是最近20多年，国内学者对马克思时空理论的研究不断深入，总体而言，可以分为以下几种模式：

1. 从客体主义的角度诠释马克思的时空概念

传统的马克思主义哲学教科书体系中往往如此解释。它在分析时空概念时一般将其放在辩证唯物主义部分有关物质及其存在形式的讨论中，用来说明物质存在的形式，认为时间和空间是物质的客观存在形式。这只是从客体主义的角度进行诠释，过于简单化。

2. 从实践性的社会主体的角度诠释马克思的时空理论

这一派观点认为，马克思的时空理论因为纳入了实践和社会发展的因素而具有丰富的内涵，同时重视从社会内在矛盾的角度分析问题，它为理解人的平等和自由的实现提供了科学的视角，为劳动阶级的解放提供了理论支持，持这一观点的有刘奔、俞吾金、张一兵、唐正东、孙正聿、王南湜、杨耕、刘怀玉等。

3. 从个体主体发生学的角度诠释马克思的时空理论

这种观点认为，马克思是站在个体的人的解放的角度思考问题的。由此出发，他们重视个体的感性时间或者生存时间对人的发展的意义，强调马克思关于异化批判的价值，如张文喜、邓晓芒等学者特别强调马克思时空观的生存论意义。

4. 以马克思的后期著作为主，从抽象时空的角度诠释马克思的时空理论

这一派观点重点研究马克思在《1857—1858 年经济学手稿》和《资本论》中对时空概念的理解，如仰海峰、孙承叔等学者重点解释马克思在后期有关时空的思想。

5. 从全球化和社会发展的角度理解马克思的时空理论

这一派观点强调要从全球化的视角激活马克思的社会发展理论，并认为可以用其解释中国当代的发展，如丰子义、杨学功、郁建兴等。

6. 从世界历史的角度理解马克思的时空理论

这派观点认为，马克思视野中的世界历史不是观念史也不是编年史，而是真实发生的社会运动，它的推进力量是现实的人所进行的生产活动，认为从世界历史的角度分析问题是马克思主义哲学的基本方法，也是科学社会主义的理论基础，持这一观点的有陈先达、聂锦芳、马俊峰等。

7. 从经济学角度（尤其是财富创造的角度）诠释马克思的时空理论

这一解释模式重视从自由时间对财富创造的意义的角度出发进行阐释，肯定了资本主义生产方式的历史进步作用，同时也指出其局限性，并对财富的内涵重新进行解释，相关学者有丰子义、于俊文等。

（二）国外的研究状况

国外学者对马克思的时空理论进行研究主要有三种情形。

第一种重视对马克思的时空理论进行文本解读，如古尔德、普殊同等。古尔德（Carol C. Gould）在其《马克思的社会本体论：马克思社会实在理论中的个性和共同体》一书中肯定了马克思把时间与人的活动结合起来进行理解的意义，认为这一做法使其超出了康德从意识活动出发理解时间，也超出了海德格尔从“此在”的在世活动出发理解时间。但是，她关于时间概念的研究主要集中在对《1857—1858 年经济学手稿》的解读。莫伊舍·普殊同（Moishe Postone）在其著作中主要通过对《资本论》和《1857—1858年经济学手稿》的解读，阐释马克思的“抽象时间”概念，他没有系统地考察马克思在早期文本中对时空概念的理解。

第二种运用马克思的时空理论对现当代资本主义的发展进行解释。如马尔库塞在《单向度的人——发达工业社会意识形态研究》一书中以马克思的时间理论为基础，区分了劳动时间和自由时间，提出“自由的前提就是缩短劳动时间，使得纯粹的劳动时间量不再阻止人类的发展”，批判现代资本主义社会存在的新的资本权力统治现象。

第三种不满意于历史唯物主义的传统解释，认为需要对其进行“空间化”的改造，如亨利·列斐伏尔的空间批判理论、大卫·哈维的时空压缩理论、爱德华·苏贾的第三空间与空间文化理论、曼纽尔·卡斯特的城市空间和流动空间理论等。

1. 亨利·列斐伏尔（Henri Lefebvre）

列斐伏尔晚年从对资本主义的日常生活批判转向了对资本主义的空间批判，他通过“空间性实践”改变了近代以来的空间观念，对资本主义空间问题研究产生了重要影响。

2. 大卫·哈维（David Harvey）

作为美国马克思主义地理学的领军人物，他坚持从资本关系立场出发对资本的空间扩张进行批判，并尝试从空间而不是历史的角度重构马克思的历史唯物主义理论。

3. 爱德华·苏贾（Edward W Soja）

他继承了列斐伏尔和哈维的基本观点，提出了以社会—空间辩证法和第三空间为主要内容的城市空间理论，并从空间的角度重构了社会发展史。

4. 曼纽尔·卡斯特（Manuel Castells）

他早期认为空间是社会的物质性表达，被社会关系所建构，因此，任何空间都是具体的，但是反对列斐伏尔把历史唯物主义空间化的做法。后期，他集中阐述了流动空间理论，认为网络构建了新的社会形态，流动空间对地方空间的支配是当代社会的主导空间逻辑。

以上所述对马克思时空理论的研究成果都具有重要价值和意义，但是，也存在一些不足之处：

首先，这些成果一般围绕马克思在某个时期的文本展开研究，较少从时空理论及其相互转换的角度切入对马克思不同时期重要文本的具体解读和分析，同时对时空理论的发展线索也缺乏具体的研究。

其次，有些研究者没有把马克思的时空观进行辩证的综合理解，往往截取其中某个时期的观点作为依据，有以偏概全之虞。

最后，对历史唯物主义的时间观和空间观缺乏整体和综合的分析，尤其缺乏对马克思时空理论中时空转换思想的专题研究。同时，对传统西方哲学的时空观回应不够，缺少有力的批判。

二、本课题的研究目标和基本框架

（一）研究目标

本课题有如下几个研究目标：其一，结合原著分别探讨马克思的时间观和空间观的内涵，主要厘清其前后期思想的差别、前后承继关系，以及成熟期的基本观点；其二，结合原著，分析马克思对于时间和空间的关系及其相互转换的理解，探讨其时空理论的辩证特点；其三，探讨影响马克思辩证时空理论形成的理论和现实因素，分析马克思的观点和其他哲学流派之间的关系，呈现马克思辩证时空理论的优越性，并对其他理论适当作出评价；其四，尝试分析马克思关于时空转换的内涵、枢纽、动力和方向的理解，建构马克思主义的社会时空理论；其五，从历史唯物主义的角度尝试对现当代哲学中的部分观点进行批判性分析和回应。

（二）基本框架

基于上述目标，本课题的篇章结构及写作框架大致安排如下：

前五章主要结合原著讨论马克思的时间观的形成和基本内涵，分析马克思在不同时期对时间的理解，探讨其时间观形成的历程。第六章到第十章主要探讨马克思空间观的形成和基本观点，结合原著尝试性探讨马克思早期的空间观以及后来所建立的全新空间观的主要内涵及其不断深化的过程。第十一章到第十二章主要分析时空转换的本质内涵、枢纽、动力和方向。其中第十一章主要尝试探讨时空转换的内涵和障碍，力图把握马克思时空理论的本质内容；第十二章主要探讨时空转换的枢纽、动力和方向，尝试分析和总结马克思社会时空理论的基本观点。第十三章主要对阿甘本和海德格尔的时间观进行了批判性分析，对马克思和伽达默尔对于实践概念的理解做了比较研究。结语是一篇关于马克思的存在概念的论文，讨论的内容也属于马克思的社会空间的核心范畴。

三、本课题研究的方法和意义

（一）研究的方法

文本解读法。本课题对马克思的辩证时空理论所做的研究是在前期研究成果《实践与时间——对马克思时间概念的历史性解读》基础上进行的，它是对前一个研究主题的延伸和扩展，在研究方法上仍然采用了文本解读法。在对马克思的时间概念进行了详细考察之后，笔者认为，应该结合马克思所理解的空间进一步深化研究。近些年来，国外马克思主义关于历史唯物主义的空间化转向成为学术的热点，认为马克思过多讨论了时间而忽视了空间问题，笔者认为，对这个问题需要通过文本解读进一步加以澄清，以回应有关“空间化”的疑问。本书在前期研究的基础上，既借鉴了此前的部分研究成果，又有所拓展和深化。本书的主要工作是结合原著，分析和总结马克思在时间和空间问题上的更原本的理解，力图通过研究，真正把握和阐发马克思辩证时空理论的哲学意蕴。

对比分析法。本课题对马克思的辩证时空理论研究也运用了对比分析的方法。其一，依据原著对马克思本人前后期有关时间和空间理解的差异和承继关系进行了比较分析。其二，对马克思与传统哲学所理解的时间和空间概念存在的异同进行了比较分析。其三，对马克思与现当代哲学部分哲学家所理解的时间和空间概念做了力所能及的对比分析，对部分观点做了批评性回应。

（二）研究的意义

在物理学领域，关于时间和空间的解释因为爱因斯坦的相对论已经产生广泛影响；在社会历史科学领域，马克思关于时间和空间的创造性解释却所知者甚少。不仅如此，长期以来，马克思关于时间和空间的观点也受到轻视甚至曲解。这不仅反映在学术研究领域，也反映在马克思主义教科书上。从20世纪开始，西方哲学流派关于时间和空间的研究成果越来越多，在一定程度上对马克思主义哲学构成严峻挑战，国内学界从马克思主义角度对此的回应显然不够。马克思关于时间和空间的观点是形成其唯物史观的基石，结合原著对马克思的辩证时空理论进行综合研究的成果却不多。基于以上原因，本课题对马克思辩证时空理论的研究对于原本地揭示和传播马克思关于时空的新观点，回应来自自然科学和其他哲学流派的挑战，以及帮助人们建立唯物主义世界观，具有重要的理论意义和现实意义。

目录

第一章

唯物主义时间观的初步建立

马克思的《德谟克利特的自然哲学和伊壁鸠鲁的自然哲学的差别》（以下简称博士论文）一直被部分学者认为是青年马克思不成熟的作品，因此遭到忽视。在马克思建立自己的新世界观的过程中，如何理解自然是首先需要面对的问题。博士论文是马克思第一次通过对自然哲学的研究建立新世界观的尝试，它突破了宗教哲学的束缚，第一次开启了以辩证的思维方式理解世界的尝试，建立起新世界观的初步雏形。对世界的唯物主义理解是以新的时空观为基础的，本章将分析青年马克思在博士论文中的时间观。

一、“永恒时间”的统治

新唯物主义世界观的形成并不是一蹴而就的，而是经历了曲折的发展。青年马克思在建立新世界观的过程中，首先要突破传统的世界观。要完成这种突破，首先要形成关于时间和空间的新的理解。本节主要讨论青年马克思对传统时间观的突破。

少年马克思曾经在宗教作文中表达了对耶稣和柏拉图的尊敬，与此同时，他也批评了伊壁鸠鲁的观点。这时候马克思的世界观还是以基督教中的上帝为核心的创世观。

少年马克思在中学时期所写的有关宗教的作文，题目是《根据〈约翰福音〉论信徒与基督结合为一体》。和后来的观点不同，他在文中肯定了信徒和基督结合为一体的重要性："连古代最伟大的哲人、神圣的柏拉图，也在不止一处表示了对一种最高的存在物的深切渴望，以为这种存在物的出现可以实现那尚未得到满足的对真理和光明的追求。"虽然在人心中有"神性的火花、好善的热情、对知识的追求、对真理的渴望"，但是，世俗的欲望会引诱我们，摧毁那永恒的东西。欲望的引诱经常让我们偏离"上帝"，从而远离美德的追求，"人是自然界唯一达不到自己目的的存在物，是整个宇宙中唯一不配做上帝创造物的成员"①。因此，文中要求人们和基督结合为一体。如果人们违背，就会既达不到自己的目的，也会被上帝所抛弃，"只有基督才能够拯救我们"②。由此可见，少年马克思的思想是受到了基督教的影响，他还没有成为一个真正的唯物主义者。

那么，究竟怎样与基督保持一致呢？少年马克思在作文中写道："我们首先是用爱的眼神注视上帝，感到对他有一种最热忱的感激之情，心悦诚服地拜倒在他的面前。"③对基督的爱一定会有回报，那就是会产生有道德的行为。"一切德行都是出于对基督的爱，出于对神的爱。"德行摆脱了世俗因素的干扰，"成为真正神性的东西"④。在少年马克思看来，人是有局限性的，即使他的理性也不足以引领自身超越世俗的道德。既然理性有其限度，那么怎样超越世俗的道德呢？他认为只有崇拜上帝，才能产生真正的道德行为。少年马克思怀着对救世主的虔诚和尊敬，指出崇拜基督可以给生活带来很大改变："同基督结合为一体可使人内心变得高尚，在苦难中得到安慰，有镇定的信心和一颗不是出于爱好虚荣，也不是出于渴求名望，而只是为了基督向博爱和一切高尚而伟大的事物敞开的心。可见，同基督结合为一体会使人得到一种快乐，这种快乐是一个伊壁鸠鲁主义者在其肤浅的哲学中，一个比较深刻的思想家在知识的极其隐秘的深处企图获得而又无法获得的这种快乐，只有同基督并且通过基督同上帝结合在一起的天

---

① 马克思，恩格斯．马克思恩格斯全集：第 1 卷［M］.2 版．北京：人民出版社，1995:450.

② 同①451.

③ 同①452.

④ 同①453.

真无邪的童心，才能体会得到，这种快乐会使生活变得更加美好和崇高。”[①]

从这篇作文的内容可以看到，少年马克思深受基督教思想的影响，他的世界观还是一种上帝创世观。由于受到基督教思想的影响，他肯定基督而批评伊壁鸠鲁，还没有走向唯物主义的世界观。

我们知道，古希腊哲学家亚里士多德曾经把实体区分为天界的实体和地界的实体。地界的实体是可动又可朽的，构成它们的元素是火、水、木、土等。天界的实体则分为两种，一种是可动而不朽的，一种是既不动也不朽的，构成它们的则是“以太”。由此，亚里士多德形成了两种不同的时间理解：地界的时间和天界的时间。地界的时间就是物理学意义上的时间，它是衡量物体运动的“数目”；天界的时间则是永恒的时间，它是崇高和不朽的代表。神是最高的实体，既不动也不朽，它是世界的推动者。这就是亚里士多德建构的有神论的世界观。长期以来，这种世界观深刻影响着欧洲人的思想。

之后，教父哲学家奥古斯丁把时间理解为“现在”意义上的持续，他认为时间是心灵的伸展，并不真正存在。时间只是永恒持续的“现在”，没有过去和未来存在。基督教哲学对时间的解释主要是突出其永恒性，并且向信徒承诺，在末日审判之后，只有那些追随耶稣、崇拜上帝的人才会进入天堂，享受永恒的福祉。

根据奥古斯丁的观点，在上帝通过“道”从“无”中创造出“有”的过程中，才创造出时间。在这之前，时间并不存在。在常人这里，岁月是不断流逝的，但是在上帝那里，“岁月无往无来”[②]。上帝的“今天”就是永恒，它通过永恒的“现在”超越一切过去和将来。[③]过去和将来都是不存在的，存在的只有永恒的“现在”。所谓过去和将来，只是对过往的记忆和对未来的期待所留下的印象。时间并不是客观存在的，它只是心灵的伸展的结果。

此后，牛顿提出了绝对时空观。根据他的观点，时间被看成是一种可以脱离物质和运动的绝对存在，这样他就从物理学的角度再次加强了时间和空间的“永

---

① 马克思，恩格斯．马克思恩格斯全集：第 1 卷［M］.2 版．北京：人民出版社，1995:453-454.

② 奥古斯丁．忏悔录［M］．周士良，译．北京：商务印书馆，1963:241.

③ 同②236-241.

恒性”和“绝对性”。康德通过“哥白尼式倒转”把时间理解为主体所具有的感性的先验直观形式，使时间变成一种主观性的形式，从而动摇了牛顿的绝对时空观。黑格尔批判了牛顿的观点，对康德的思想也有所批评，他认为时间和空间都不能脱离运动而独立存在。黑格尔已经开始用辩证的方法理解时间和空间，尽管是以唯心论的方式表现出来的。

写作博士论文时期的马克思认为，在哲学上存在着两种不同时间概念的对立：一种是永恒的时间，另一种是感性的时间。其中，“永恒时间”的代表是对天体盲目崇拜的古希腊哲学家。希腊人崇拜天体，他们把最高的处所归于神。

马克思在博士论文的第二部第五章讨论了天象问题。他认为，希腊人习惯于把永恒与永恒的事物联系在一起，他们把天体理解为不变的、没有起始的，“正因为原初的物体是某种有别于土和火、空气和水的东西，他们就把最高的地方称为‘以太’，并且给了它一个别名叫作‘永恒的时间’”①。人们对上帝或神的理解和天体一样，认为它们在时间上是永恒的，在力量上是伟大的、全能的。

对永恒时间以及它所代表的那个世界的批判，是与青年马克思在博士论文中的宗教批判密切联系在一起的。事实上它表明，马克思开始对自己过去所理解的那个世界进行反思，用新的眼光进行审视。在这个转变过程中，伊壁鸠鲁关于时间的理解提供了最佳的证明。通过伊壁鸠鲁哲学，马克思逐渐形成一种全新的理解世界的方式。

二、青年马克思对“永恒”时间观的批判

青年马克思对“永恒”时间观的批判主要表现在：他赞同伊壁鸠鲁对时间的理解，并用他的“感性时间”去反对希腊哲学家们所推崇的“永恒时间”。

在博士论文中，马克思明确地反对“永恒时间”以及由“永恒时间”所代表的那个世界。在他看来，那个以神为核心的世界是人们虚构出来的世界。伊壁鸠

---

① 马克思，恩格斯．马克思恩格斯全集：第 1 卷［M］.2 版．北京：人民出版社，1995:55-56.

鲁哲学的原理是自我意识的绝对性和自由。[①]根据这个原理，可以推出：既然天体的永恒性会扰乱心灵的宁静，那么就可以认为，这些天体并不是永恒的。[②]此时的马克思完全接受了伊壁鸠鲁的主张，认为后者开启了理解世界的新的方式。在这篇论文中，马克思实际上借助伊壁鸠鲁的思想，表达了自己反对宗教所主张的世界观的态度，从而与少年时期的世界观告别。

伊壁鸠鲁反对整个希腊民族的世界观。[③]除了用原子的“偏斜说”解释事物之外，他对时间的理解也不同于希腊哲学家关于时间永恒性的理解。伊壁鸠鲁认为，要深刻地理解现象世界，就要追寻现象。那么，应该怎样理解现象呢？把天体等自然现象看成“永恒时间”的表现只能将之神秘化，仅仅把这些现象归于原子的构造也不足以完整认识它们。在伊壁鸠鲁看来，对本质世界的认识和对现象世界的认识完全不同。对本质世界进行认识的时候，“时间必须从原子概念中，从本质世界中排除掉。因为只有从物质中抽掉时间这个因素，物质才是永恒的和独立的”[④]。在如何认识本质世界的问题上，伊壁鸠鲁和德谟克利特的观点是一致的，但是对于时间究竟应当归于何处，两个人的意见却不一样。

在德谟克利特看来，时间概念并不重要。马克思说：“他解释时间，是为了取消时间。他把时间规定为永恒的东西，是为了像亚里士多德和西姆普利齐乌斯把产生和消灭，即时间性的东西，从原子中排除掉。”[⑤]当德谟克利特把时间归于作为本质的实体时，也就等于把时间绝对化和永恒化了。这样一来，他就“取消了时间概念，因为成为绝对时间的时间就不再是时间性的东西了”[⑥]。马克思认为，当德谟克利特把时间概念从本质世界排除以后，并没有将它归于现象世界，而是“被移植到进行哲学思考的主体的自我意识中，而与世界本身毫不相干了”[⑦]。

---

① 马克思，恩格斯．马克思恩格斯全集：第 1 卷［M］.2 版．北京：人民出版社，1995:241.

② 同①238.

③ 同①234.

④ 同①51.

⑤ 同①51.

⑥ 同①51.

⑦ 同①51.

伊壁鸠鲁把“时间”看作是现象的绝对形式，“作为偶性的偶性”，也就是“变换的变换”。所谓“偶性的偶性”，指的是非永恒的、变易的事物。把时间这种指代流动的变化的概念归于变动不居的现象，就是变易的变易。伊壁鸠鲁认为，我们通过观察白天和黑夜、运动和静止等现象，可以看到时间通过现象在“流动”，它是伴随运动而出现的东西。伊壁鸠鲁说：“我们主要应考虑我们把时间这种特殊的性质归属于什么，用什么来衡量它。其实这是不证自明的。我们只能考虑把时间属性归于白天、黑夜和它们的部分，同样归属于快乐与痛苦的情感。归属于运动和静止，并认为我们用‘时间’一词来表示的，是它们的一个特殊属性。”①

相反，德谟克利特认为“时间”不能归于变动的世界，在变动的世界里只有空间的组合的变化。按照他的理解，空间的组合表现原子的物质性和自然的物质性，“组合”仅仅表现出自然界的被动形式。这种理解方式，显然无法对变化的现象进行具体的描述。根据伊壁鸠鲁的理解，“时间”成为具体自然界的主动形式，它是“有限事物的变换”。这样就把现象理解为现象，并且与本质世界相互区别开来。马克思说：“时间在现象世界的地位，正如原子概念在本质世界的地位一样。”②

马克思认为，伊壁鸠鲁把感性与时间联系起来后，形成了一种“感性”时间观。他认为伊壁鸠鲁的感性时间观可以这样来描述：“人的感性就是形体化了的时间，就是感性世界自身的存在着的反映。”③“时间是这样被规定的：当被感官知觉到的物体的偶性被认为是偶性时，时间就发生了。因此自身反映的感性知觉在这里就是时间的源泉和时间本身。”④“在伊壁鸠鲁那里，感性是显现着的世界自身的反映，是它的形体化了的时间。”⑤“最后，感性和时间的联系表现

① 苗力田主编．古希腊哲学［M］．北京：中国人民大学出版社，1989:643. 另参考马克思，恩格斯．马克思恩格斯全集：40 卷［M］.2 版．北京：人民出版社，1982，在第 106 页中，卢克莱修对伊壁鸠鲁观点的描述：“……时间本身是不存在的……应该承认，离开了事物的动和静，人们就不能感觉到时间本身。”

② 马克思，恩格斯．马克思恩格斯全集：第 1 卷［M］.2 版．北京：人民出版社，1995:48.

③ 同②232.

④ 同②232.

⑤ 同②233.

在：事物的时间性和事物对感官的显现，被设定为本身同一的东西。”[①]

由此可以看出，青年马克思用感性解释伊壁鸠鲁的时间概念，他形成了一种感性时间观。这种感性时间观不同于传统的永恒时间观，它可以看成是青年马克思形成的一种具有唯物主义性质的时间观。它对于突破宗教和形而上学的束缚具有重要意义。

三、马克思对“永恒”时间观批判的意义

“永恒”时间观所对应的是亚里士多德以及中世纪经院哲学所理解的以神为创世核心的世界观。这种世界观长期以来束缚了人们的思想，也为宗教和神秘主义提供了理论基础。马克思通过对德谟克利特和伊壁鸠鲁的自然哲学进行比较研究，批评了德谟克利特对时间的“永恒性”的理解，认为他“取消”了时间，突出强调了伊壁鸠鲁的原子论以及他所理解的感性时间的重要意义。

伊壁鸠鲁本人并没有明确地说出感性和时间的联系，马克思通过分析伊壁鸠鲁重视感官以及感性知觉对于认识真理的重要意义，对伊壁鸠鲁哲学作出了新的阐释。马克思把感性和时间联系在一起，开启了理解世界的新的视角，从而打破了有神论的世界观的束缚。

受到“永恒”时间观的影响，人们无法深刻地理解所观察到的现象（例如天体），容易把它们神圣化、神秘化，最终走向宗教蒙昧主义。从康德提出“要有勇气运用你自己的理智”[②]的口号以来，德国古典哲学开启了本国在认识上的启蒙运动。虽然康德哲学为宗教留下了地盘，他的启蒙还是不彻底的，但是，这些思想无疑对马克思产生了积极影响。

青年马克思在写作博士论文时受到黑格尔的自然哲学和青年黑格尔派思想家的影响较多。马克思的博士论文之所以选择“自然哲学”进行研究，很可能也受到了黑格尔的《哲学全书》中《自然哲学》部分的影响。

① 马克思，恩格斯．马克思恩格斯全集：第 1 卷［M］.2 版．北京：人民出版社，1995:232.

② 康德．历史理性批判文集［M］．北京：商务印书馆，1990:22.

《自然哲学》这部著作是黑格尔运用辩证法对自然界进行解释的尝试，尽管它有很多不足，仍然不失为哲学理解自然的一次大胆尝试。应该说，它对于突破亚里士多德和牛顿所建立的自然观的局限性发挥了重要作用。在这部著作中，黑格尔把时间解释为“时间是那种存在的时候不存在、不存在的时候存在的存在，是被直观的变易”“一切事物并不是在时间中产生和消逝的，反之，时间本身就是这种变易，即产生和消逝，就是现实存在着的抽象，就是产生一切并摧毁自己的产物的克洛诺斯”。[①]实际上，马克思在其博士论文中也是用“变易”解释时间，只是他和黑格尔的不同在于，“感性”的作用在理解时间的过程中得到了更多的强调。

但是，黑格尔在其《自然哲学》著作中用“变易”来解释时间，显然影响了青年马克思对伊壁鸠鲁哲学所作的解释。马克思把这种“变易”与感性和现象世界结合起来，形成了初步的唯物主义时间观。它不仅有力地批判了传统的神秘主义和形而上学的时间观，而且对于科学的时间观的形成具有重要哲学意义。

从“博士论文”的写作来看，青年马克思已经开始使用辩证的方法分析问题。关于自然哲学的探讨是他运用辩证法分析自然的初步尝试，接下来的任务就是如何理解社会。只有运用辩证法充分理解了社会时间和空间，他所建构的新唯物主义世界观才能宣告完成。

---

① 黑格尔．自然哲学［M］．梁志学，等译．北京：商务印书馆，1980:48.

第二章

劳动时间：从微观尺度看时间

青年马克思把感性和时间联系起来，对于深入理解自然现象是足够的，但是，一旦想深入理解社会现象，运用感性时间的概念就很难做到了。在对自然哲学进行比较研究之后，马克思要面对的问题是：如何理解社会现象。正是在这时候，马克思开始阅读政治经济学著作。从这些具有唯物论观点的作品中，马克思开始接触到经济学家们对具体的社会问题的描述和分析。对于古典经济学的研究深化了马克思关于社会时间和空间的理解，它对于建构起新唯物主义世界观具有重要意义。

一、劳动时间的节省与异化

通过对古典经济学的研究，马克思发现，由于工业、技术的发展和机器的广泛使用，整个社会的劳动时间被大量节省出来。但是，这对工人来说反而不是什么好事。

经济学家舒尔茨记录了当时英国的情形，他说：最近二十多年，棉纺织业的英国工人的劳动时间已经增加到每天十二到十六小时，而这一时期恰恰采用了节省劳动的机器。[①]不仅如此，虽然社会的生产总量和十年前相比确实增

---

① 舒尔茨．生产运动：从历史统计学方面论国家和社会的一种新科学的基础的建立［M］．李乾坤，译．南京：南京大学出版社，2019:65.

加很多，但是工人的工资却和十年前一样，福利也没有过去拿得多，“而且比过去穷三分之一”①。

因为分工越来越细，工作变得越来越单调乏味，这种变化对工人的精神和肉体也造成了极大的伤害，工厂里工人的死亡率越来越高。虽然机器因技术得到改进而节省了劳动时间，但是工人们在工厂里的奴隶式劳动却有增无减②，劳动时间反倒增加了。这些很不正常的劳动异化成为资本主义生产带来的普遍现象。

马克思此时通过舒尔茨的著作开始关注到工人的劳动时间问题，他已经注意到：一方面是因为机器的采用而带来的劳动时间的节省，另一方面是工人在劳动时间上的增加，以及劳动变得越来越单调乏味并且给工人带来肉体和精神上的损害。劳动的异化同时也是劳动时间的异化，工人付出一定的劳动时间，但是由此节省的个人发展的时间却被另一个阶级所占有。③在此，马克思过去理解的感性时间概念，第一次遇到了更加现实和具体的劳动时间异化的冲击。

当然，马克思并不是否定一切，他对工商业实践的历史作用的肯定表明：他已经把蕴含于工商业实践中的劳动理解为社会发展的基础。在博士论文中所肯定的感性和感性时间进一步具体化，劳动和劳动时间就是感性的活生生的表现形式。因此，可以认为马克思对时间概念的关注和理解已经从抽象的感性时间向更具体的劳动时间转变。对对象化劳动的肯定和对异化劳动的批判都表明，马克思已经把劳动看作历史发展的本质性力量，一种关于历史的新的理解逐渐形成。“感性”变成了“感性的活动”（劳动），“感性时间”变成了具体的“感性活动”的“时间”，即“劳动时间”。

二、对异化时间的批判和扬弃

概念只不过是哲学家们表达思想的工具，就像工人使用锯子锯木头，农民使

---

① 舒尔茨．生产运动：从历史统计学方面论国家和社会的一种新科学的基础的建立［M］．李乾坤，译．南京：南京大学出版社，2019:66.

② 马克思．1844年经济学哲学手稿［M］．北京：人民出版社，2000:15-16.

③ 另参考杨耕，赵军武．关于“时间是人的生命尺度”的断想［J］．学术界，2008（2）.

用镰刀收割。马克思使用“异化”概念想说明的是：劳动所创造的产品不属于劳动者所有，并且反过来压迫劳动者自身。劳动者面临的是双重的“失去”：既失去了自己生产出的产品，也失去了肉体和精神的健康，并且带来了更严重的后果——劳动时间的延长。

有不少学者批评“异化”概念不科学，但是，还有哪个哲学概念能够比“异化”更形象地描述劳动者的这种艰难处境呢？马克思使用“异化”概念更多是在批判的意义上，“对象化劳动”独立于“异化”概念，是一个中性的概念，不具备批判意义，因此不能取代“异化”概念的作用。

对劳动时间的关注使马克思认识到，机器的使用虽然大大节约了劳动时间，但是工人的劳动时间反而延长了。这是一个奇怪的现象，但是它确实发生了。这就是异化现象。扬弃异化，使劳动者得其所有，使劳动成为令人愉悦的劳动，这个要求对于工人来说并不过分。

过分的是资产阶级经济学家对这个现象的漠视。为了社会总财富的增长，经济学家们认为这是发展中的次要现象，是必须付出的成长的代价。马克思认为，古典经济学的功绩之一是从“劳动是生产的真正灵魂”出发对问题进行研究，但它却“没有给劳动提供任何东西，而是给私有财产提供了一切”①。资产者虽然也给工人发工资，但是，并没有让工人获得人的身份和尊严，没有让他们从奴役劳动中得到解放。

整个社会如果要从私有财产所造成的奴役式劳动中解放出来，必须“通过工人解放这种政治形式”②。工人的解放同时意味着普遍的人的解放，因为人类的奴役关系在生产无所不在的条件下主要表现在“工人对生产的关系”中。③

马克思之所以批判古典经济学，主要是因为这种“经济学”把私有财产看作人的本质，并极力论证资本主义所有制的合理性。古典经济学肯定了现代工业力量的积极方面，它是现代工业的产物。费尔巴哈把宗教的产生看作是人的理想的类本质的对象化，古典经济学则把私有财产看作人的本质的对象化。表面上看

---

① 马克思.1844年经济学哲学手稿［M］.北京：人民出版社，2000:62.

② 同①62.

③ 同①62-63.

来，古典经济学家尊重劳动者，但是，因为肯定了作为人的本质表现的私有财产的合理性，它事实上成为敌视人的“科学”[①]。

不仅如此，马克思还认为，古典经济学把劳动当作财富的唯一本质这一观点是片面的。[②]马克思在此前认真阅读了恩格斯在《德法年鉴》上发表的《国民经济学批判大纲》一文，对这篇文章的主要观点非常赞赏。在这篇文章中，恩格斯虽然肯定了以亚当·斯密为代表的古典经济学取得的进步，但是，他也认为，因为这种经济学“没有想去过问私有制的合理性的问题”[③]，因为它的发财致富的目的，所以“在一切领域中与自由的人性处于对立的地位”[④]。

古典经济学家只关心每一笔资本带来多少利息，创造多少“财富”。他们并不关心失业的工人的存在，不关心在劳动关系之外的劳动者。人被看作是无关紧要的，甚至是有害的。小偷、骗子、失业者、乞丐、无家可归者等是国民经济学之外的幽灵，他们只是在法官、医生、掘墓人那里才是“人”。[⑤]古典经济学家们所表现出的对工人以及失业者的冷漠，让经济学成为一门不道德的科学。

马克思对异化劳动以及异化了的时间的批判，其理论指向是“人的解放”。技术的改进和机器的广泛使用虽然带来了生产力的进步，但是并不必然带来劳动者生活的改善。这说明，马克思已经看到，问题的关键是这种资本主义的所有制关系造成了奴役式劳动。不改变这种所有制关系，工人和人的解放是不可能实现的。这种所有制关系就是资本主义的生产关系，扬弃这种所有制及其“关系”，就成了所有问题的焦点。

马克思称这种所有制关系被扬弃之后的状态为“共产主义”。无神论是人道主义的理论表现，是对神的扬弃；共产主义则是人道主义的实践形式，是对私有财产的扬弃，也是要求“归还”人的真正生命。马克思说：“无神论是以扬弃宗教作为自己的中介的人道主义，共产主义则是以扬弃私有财产作为自己的中介的

① 马克思.1844年经济学哲学手稿［M］.北京：人民出版社，2000:73-74.

② 同①74.

③ 马克思，恩格斯.马克思恩格斯全集：第3卷［M］.2版.北京：人民出版社，2002:443.

④ 同③443-444.

⑤ 同①66.

人道主义。”[①]无神论对神的扬弃不是要否定自然世界，不是要走向虚无主义，而是要走向真正的人的世界，回到人的世俗世界中的幸福生活；共产主义对私有财产的扬弃并不是要否定人所创造的东西，不是要抛弃作为对象形式的财富。马克思认为，无神论和共产主义的目的“决不是返回到非自然的、不发达的简单状态去的贫困”，而是要达到“人的本质的现实的生成”[②]。

马克思对于共产主义的理解，随着对资本主义的深入剖析而更加具有说服力。尽管在不同时期他对共产主义的论述有所不同，但是这种理解是前后一贯的。通过对资本主义社会的分析，他证明了生产力突飞猛进的发展和资本主义生产关系之间的矛盾是整个社会的基本矛盾，共产主义就是资本主义生产关系被扬弃以后的必然结果。

对于资本主义社会的批判和对共产主义社会的揭示是马克思终生的理论追求。从学理上来说，马克思的这一观点具有无可辩驳的充分的理论解释力，只有运用辩证法分析社会才能得到这样的结果。

三、唯物主义时间观的进一步具体化

费尔巴哈认为，时间和空间不是现象的简单形式，而是存在的根本条件。他把时间和空间理解为一切实体的存在形式，初步建立起了唯物主义的时空观。费尔巴哈之所以深刻地影响了马克思，与他所建立起的这种唯物主义时空观也有密切的关系，这种时空观是构成唯物主义世界观的基石。

显然，写作《1844年经济学哲学手稿》时期的马克思受到了费尔巴哈的很多影响。虽然费尔巴哈的世界观和历史观还有局限性，但是这种影响是积极的、正面的。费尔巴哈对现实和实践的强调以及对宗教的批判，使得马克思能够更清醒地意识到黑格尔哲学的局限性。对黑格尔辩证法的推崇以及对古典经济学的研究，又让马克思与费尔巴哈的类哲学的抽象性有所不同。

---

① 马克思.1844 年经济学哲学手稿［M］. 北京：人民出版社，2000:112.

② 同①113.

毋宁说，马克思和费尔巴哈从一开始就有所不同，这种区别主要在于：马克思坚持劳动价值论和辩证法，赋予物质生产劳动更高的地位，并且用辩证的方法理解现实。费尔巴哈虽然也强调现实和实践，强调回到真实的时间和空间中的存在，但是，他理解的现实还是直观意义上的，他所看重的实践也只是一种理论的活动。

马克思对异化劳动和异化时间的分析和批判，是为了替劳动者争取合法的权利所做的理论努力，这标志着他已经站在工人的立场思考和分析问题，而不再是为了争取孤立的个体的自由而进行批判。从马克思《1844年经济学哲学手稿》对劳动者的权利和物质生产实践（工商业实践）的重视，以及在《神圣家族》中站在唯物主义立场对唯心主义历史观展开的批判来看，笔者认为，青年马克思已经形成了唯物史观的基本思想，只是还没有系统地阐述出来。这一思想是青年马克思在博士论文中运用辩证法所表现出的唯物主义自然观的进一步运用和拓展。在《1844年经济学哲学手稿》中受到费尔巴哈的影响，对人的理想的类本质及其异化的分析，也是马克思此前运用类本质概念进行的宗教批判的继续（见《〈黑格尔法哲学批判〉导言》）。由于马克思与费尔巴哈在对待物质生产劳动和辩证法的态度上的区别，以及马克思更多运用了黑格尔的辩证法，笔者认为，不能把费尔巴哈与青年马克思的思想画等号。

在《1844年经济学哲学手稿》中，青年马克思对劳动时间以及劳动者生存状况的关注和分析使得对时间的理解进一步具体化，同时也深化了他在博士论文中对时间的理解。这是马克思首次关注社会意义上的时间概念。虽然是首次，但是这里的问题已经触及《资本论》及其手稿中有关时间讨论的核心问题，即劳动时间和自由的关系问题。此时，虽然马克思还没有总结出生产力与生产关系的矛盾，但是通过对劳动时间的关注以及对物质生产实践（工商业实践）的深入理解，已经形成了一种有别于费尔巴哈的唯物主义世界观。

第三章

历史时间：宏观尺度和微观尺度的时间叙事

对时间问题的分析，既不能停留在物理学意义上的理解，也不能停留在孤立个体的自我生存意义上的理解，还应该深入理解人民群众通过具体实践创造的历史时间。只有这样，我们对时间问题的理解才能说是完整的。如果仅仅满足于理解个体的时间，就好像在大山中只知道自我的双脚运动而不知道道路的方向，结果只能迷失于山中而找不到出路。借口“宏大叙事”而否定对历史时间进行研究只是卖弄噱头，也只能证明自己在理解历史问题上的无能以及对社会性时间的无知。

一、历史唯物主义之前的历史哲学对历史的认识

人类对历史的认识是一个逐步深化的过程，早期学者对历史的认识也往往表现为对历史的片面认识。意大利学者维柯在《新科学》中对历史做了理解的尝试。他认为，历史并不是由理性的人“设计”的结果，并不是凭“人意”而是凭“天意”安排的结果，是通过“天神意旨”所具有的理智创造的结果，它表现出来的智慧是诗性的、创造性的、寻常的或凡俗的智慧。简而言之，所谓“人道”的、“理性”的制度，一开始并不是某种精心设计的结果，而是由“野兽”们发展出来的，“人道”或“理

性”只是一个在制度建立起来之后的结果，并不是一开始就有这种“人道”或“理性”。

维柯已经开始强调人的“社会性”，他认为只有这种本性才符合人类自身的本性：“……人类本性有一个主要特点，这就是人的社会性。……本书要阐明的就是：这种社会生活方式才符合人类的真正的民政的本性，因此，自然界本来就有法律。天神意旨在这方面的安排所具有的理性就是我们的这门科学所要探讨的主要课题，因此，这门科学就是天神意旨的一种理性的民政方面的神学。”①维柯虽然认识到“社会性”是人的本性，但是他将其归之于“天神意旨”的安排。作为一个天主教徒，他还是从《圣经》的“创世纪”角度理解历史。

维柯想要建立的“新科学”是依循他所确定的三个原则展开的，这三个原则是：天神意旨、婚姻典礼和埋葬制度所依据的灵魂不朽。②他采用了埃及人的说法，认为在大洪水之后，世界从开始到埃及人的那个时代所经历的时间可以分为三个时代，分别是：神的时代、英雄时代和人的时代。③

维柯批评了霍布斯对于历史的研究，认为他受到伊壁鸠鲁“偶然性”的影响，离开了对天神意旨的重视，走向了一个错误的方向：“霍布士在他的《凶残和强暴的人们》中见不到各种制度由这种天意安排的原则，……就迷失到他的祖师爷伊壁鸠鲁所主张的‘偶然机会’那个陷阱里去了。”④

由此可以看出，维柯所建立的这门“新科学”是从天神意旨的角度对人类历史进行研究和总结。他遵照《圣经·旧约》所记述的内容展开对各民族历史进行考察，认为希伯来民族是最古老的民族，《旧约》的记述是真实的历史。

维柯在著作中反复强调的是天神意旨的真实存在，认为只有顺着这个方向进行的研究才是正确的道路，否则就是错误的道路。不能不说，这表现出维柯作为一个天主教徒的偏见。他忽略了对原始社会的人类学研究，只是从早期社会所具有的神的观念推论出天神意旨是社会历史发展所遵循的首要原则，不能不说是一

---

① 维柯．新科学：上册［M］．朱光潜，译．北京：商务印书馆，1989:5.

② 同①13.

③ 同①28.

④ 同①113.

种基于个人经验的假设。

和维柯相比，黑格尔对世界历史的解释有所不同，他把历史解释为“精神”表现自身的过程。但是这个“精神”不是个体身上的精神，而是一种“世界精神”。在这种“精神”之中，黑格尔认为表现出真正的“理性”，而由这种理性产生正义和自由。这种理性也不是个人所具有的理性，而是一种世界理性或者说宇宙理性。黑格尔说：“‘理性’是万物的无限的内容，是万物的精华和真相。”[①]理性的工作对象就是它自己，自己供给自己营养，自己认识自己。它是自己存在的基础，它的目标也是自己的完成。它的这个目标既在“自然宇宙”之中展开，也在世界历史中展开，只不过这是一个“精神宇宙”而已。

黑格尔明确地说并不要求大家信仰他的“原理”，但是他却要求大家在宗教的形式下信仰这个原理。[②]和维柯相似的是，黑格尔也肯定有一种宇宙的“神意”影响着这个世界。他认为“神意”不仅表现在宇宙间自然生物的变化之中，而且表现在世界历史的变化中——它就是“理性”，这种“理性”支配着从自然到人类历史的整个世界，哲学不过是认识这种“理性”，做这种“理性”的工具。

黑格尔把世界历史划归到和“自然”不同的“精神”领域，他观察历史就是在世界舞台上观察“精神”在历史中的发展。[③]黑格尔在历史中观察“精神”，在“精神”中观察“自由”，因为“自由”是“精神”的唯一真理。为什么“精神”是“自由”的呢？因为“精神”不依靠外物，而是依靠自身而存在，这就是自由。“精神”可以意识到自己的存在，“物质”是做不到的，因此，“精神”比起物质具有绝对的自由。

黑格尔进而认为，东方人由于没有认识到“精神”的自由本性，所以他们自己是不自由的，在东方只有一个人是自由的，那就是皇帝自己。但是那个皇帝只是一个专制君主，而不是一个自由人，因为他也没有认识到“精神”的自由本性。黑格尔认为，在希腊人那里最早出现了自由的意识，但是他们也只知道少部分人是自由的，而没有认识到所有人都是自由的。日耳曼民族在基督教的影响下

---

① 黑格尔．历史哲学［M］．王造时，译．上海：上海书店出版社，1999:9.

② 同①13.

③ 同①17.

认识到了人是自由的，主要是认识到“精神”的自由，并且把这种自由当作宪法的基础。

黑格尔所理解的“自由”主要还是精神的自由。这种自由首先存在于精神之中，之后由于人的实践才能形成真正的“现实”。黑格尔的贡献在于，认识到“自由”意识的重要意义，并且把这种“自由”意识放在世界历史的范围内进行考察。不仅如此，他由对精神自由的强调而延伸到对“自由”本身的重视，不能不说是一个进步。黑格尔说：“自由本身便是它自己追求的目的和‘精神’的唯一的目的，这个最后目的便是世界历史。”①

黑格尔对世界历史的理解正是基于“精神”自由的原理而作出的解释。世界历史开始于东方的不自由，经过印度、波斯、希腊而到达日耳曼世界，他认为在此过程中，对于自由的意识越来越高，到了日耳曼达到顶点。黑格尔从他的“神意”出发对世界历史的解释，让人不免觉得有自吹自擂的嫌疑，事实上他把宗教的因素作为衡量世界各国文明发展的标准，而我们看到，现代对世界历史的发展所确立的标准应该是科学而不是宗教。相对于日耳曼民族的贫乏历史，东方文明留传下来的象征精神自由的作品更多一些。当然，中华文明所表现的自我优越论也不比黑格尔少，正如黑格尔把地中海当作世界历史的中心，中国人也把自己看作世界的中心。

二、对历史时间的新理解

以上总结分析了维柯和黑格尔对历史的理解，他们共同的特点是：把历史解释为“神意”在尘世的具体展开。事实上，这种神秘主义的理解方式，把历史归结于某种外在的力量，主要是“神圣智慧”的产物。他们认为只有这样理解，才能为历史时间找到合理、最终的根据。正如世俗皇帝的权威根据在于神，世界历史的发展，其根据也在于神，也要到神那里才能找到。

马克思并不这样理解历史。在他看来，历史发展的根据只能在尘世中获得理

① 黑格尔．历史哲学［M］．王造时，译．上海：上海书店出版社，1999:20.

解，任何把“根据”推到天上的做法都是没有根据的。黑格尔把市民社会理解为绝对精神在尘世的发展，事实上他从一开始就假设了这种根据不应在尘世中寻找。马克思是从地上上升到“天国”，思路和黑格尔是相反的。他认为，对天上事物的猜测和臆想，只不过是地上的事物在人们头脑中的反映。在《〈黑格尔法哲学批判〉导言》中，他明确地表示，关于神或者上帝的观念只不过是人的理想的类本质在头脑中的投射。人们在现实中承受着苦难，他就需要一个全能的、理想的化身去“拯救”他，去超度他在尘世中痛苦的灵魂，这个超度者就是神或者上帝。黑格尔与宗教的不同在于，他的上帝或者神变成了精神或者理性，但同样承担着拯救世界的重任。绝对精神在尘世的化身就是普鲁士国王，它的政权化身就是普鲁士封建制度。于是，黑格尔本来在他的辩证法威力下应该能够取得的对历史的真实理解，在宗教神秘主义的思维限制下却功亏一篑。

马克思突破了黑格尔哲学中的神秘主义因素对原本地认识历史的束缚。这种突破表现在，他认为所有问题都能够在人类的社会实践中得到理解和解决，所有社会问题的产生只能从社会中寻找原因，而不能将其推到遥远的天神那里。不是上帝创造了世界，而是人们在意识中创造了“上帝”；不是绝对精神创造了历史，而是历史创造了绝对精神。

在马克思看来，宗教已经不需要再浪费时间进行批判。对宗教的批判已经完成，对神学的批判也就变成了对现实的批判。[①]对现实的批判就是从尘世中寻找人们为什么会产生关于“上帝”和“绝对精神”等这一类意识的根据。马克思认为，哲学家和宗教学家们并没有追究“上帝”“绝对精神”等意识产生的根据，而是把它们不加审查地当作世界历史发生的根据。

费尔巴哈批判了黑格尔的“精神”概念，认为这只不过是进入哲学中的“上帝”。黑格尔的哲学只是他的神学的哲学化表述，“思维”的对象只是思想本身，它处在时间和空间之外，还不是处在时空之内的真实的存在。马克思认为费尔巴哈对黑格尔的批判是正确的，他接受了费尔巴哈的唯物主义基本观点，即应该关注感性的现实本身，关注在时空中的真实存在，并且通过对尘世的批判寻找对历史的真实理解。

---

① 马克思，恩格斯．马克思恩格斯文集：第 1 卷［M］．北京：人民出版社，2009:4.

在《〈黑格尔法哲学批判〉导言》一文中，马克思明确地指出，德国无产阶级的出现是通过兴起的工业运动才开始形成的。[①]它的产生要在市民社会中进行分析，而不是简单地归于“精神”在尘世中的创造。无产阶级宣告现有制度的解体，同时揭示了自己本身存在的秘密，也就是揭示它自身如何发生、发展的秘密。只有现有制度的最终“解体”，德国无产阶级才能恢复变成真正的自由人。无产阶级要求的是争取自身的权利，而德国国王只不过把“人民”看成是自己的“私有财产”。无产阶级要争取到自身的权利，就需要把哲学当作自己的精神武器；德国人要作为真正的人而存在，就不能不打破束缚他们的奴役制度。通过对德国无产阶级的分析，马克思开始了他对于尘世和政治的批判，从而走上了一条为无产阶级争取解放的社会批判道路。

在《论犹太人问题》一文中，马克思清晰地指出了他所选择的道路，他说：“相当长的时期以来，人们一直用迷信来说明历史，而我们现在是用历史来说明迷信。”[②]马克思认为，人们要实现自身的解放，首先国家要从国教中解放出来，虽然人的自由还没有完全实现，但是国家首先可以变成自由国家。也可以说，国家从宗教中的解放是人的解放的前提条件。只有先从宗教中解放，人们才能避免用迷信来说明历史。也就是说，只有科学地说明历史，才能解释迷信的形成，人们才能找到走出迷信的正确道路。

总之，马克思解释世界历史的方式可以说是针对黑格尔做了一次彻底的“颠倒”，事实上也是针对维柯以来的“神意”解释传统的“颠倒”。应该说，这次“颠倒”是从费尔巴哈开始获得的理论基础。[③]马克思正是沿着费尔巴哈所开启的理论“颠倒”之路开始工作的，可以说，费尔巴哈是马克思所进行的新的思想道路的理论起点，尽管前者在理论上仍然存在着不彻底性。

马克思对历史时间的新理解不仅表现在对于传统观点的“颠倒”，而且表现在对于具体历史发展过程的创造性解释。

维柯在解释历史的时候曾经确定了几个原则，第一个原则就是天神意旨，其

① 马克思，恩格斯. 马克思恩格斯文集：第 1 卷［M］. 北京：人民出版社，2009:17.

② 同①27.

③ 同①112.

次就是婚姻、丧葬制度等。他认为解释历史要从这些“原则”入手，违背这些原则就是不科学的。黑格尔则强调“精神”在历史背后发挥的作用，观察历史就是观察“精神”在历史舞台上的表演。马克思摒弃了“天神意旨”或者“精神”的神秘作用，回到了生活世界，从生活中寻求历史发展的秘密，也就是他所说的对“历史之谜”的解答。

马克思同样摒弃了旧唯物主义对“现实”或者历史发展的理解。旧唯物主义把整个世界看作是一台机器，由严格的因果关系决定。在他们的“世界”里，没有偶然性，只有必然性，例如在霍布斯、霍尔巴赫等唯物主义者那里所表现的看待物质和世界的方式，就充满了机械性和决定论色彩。

费尔巴哈同样表现出其哲学的局限性。他很想原本地理解“现实”本身，想要把握在时空中的感性世界的真理，但是，因为他没有把现实本身理解为“感性的活动”，只是从直观的唯物主义意义上去理解，所以他不能理解真正的“现实”，也就是对“历史之谜”无法理解。[①]马克思在《关于费尔巴哈的提纲》中，从发挥人的能动力量的角度比较了唯物主义和唯心主义，后者的能动性表现在精神的自我“超越”，也就是依靠主体的自我意识对世界“本质”的“把握”而超越“物”的世界。旧唯物主义和唯心主义相比，因为局限于“物”的世界，认为精神世界从属于“物”的世界，所以对精神的作用并不能像唯心主义那样加以重视。

但是，唯物主义并不是不能发展出它的能动方面。马克思认为，新唯物主义的能动在于人改造世界的实践的力量。费尔巴哈尽管批判了黑格尔的唯心主义，但是并没有能够发挥出唯物主义的能动的方面，原因何在？马克思认为，这是因为费尔巴哈轻视工商业活动，他把这类活动看作是卑贱的利己主义的发财致富的活动而加以排斥，不是把它们看作人类发展的基本实践方式，不是从积极的意义上看待上述活动，而仅仅是从消极的角度理解，仅仅理解为一种造成异化的“障碍”。

费尔巴哈固然超越了黑格尔局限于抽象思维的理论阶段，从精神的世界和宗教的世界回归到世俗世界中来，但是，他没有能够分析这个世俗世界的内在矛

---

① 马克思，恩格斯．马克思恩格斯选集：第 1 卷［M］.3 版．北京：人民出版社，2012:133.

盾。站在他的“感性直观”方法论立场，不论这种“直观”是低层次的还是高级的，都无法看到社会中内含的矛盾。直观的方法只能看到事物的感性表象，对于抽象的本质的“关系”却是无法审视。因为没能把“感性”理解为在实践中历史地变化的人的活动，所以也就无法把握在人的活动以及活动赖以展开的交往形式之间产生的矛盾，而这一点恰恰是理解历史和社会发展的关键。

因为没有把外部世界看成是“感性的活动”的结果，所以费尔巴哈对“现实”的理解缺少“历史感”。他不知道“现实”本身是如何产生的，不明白那些社会问题和不平等现象是如何造成的。和费尔巴哈不同，马克思不仅把“现实”或“感性”本身理解为人的活动，而且看到了存在于社会中的矛盾的发展。

根据马克思的观点，费尔巴哈的错误在于，没有能够把现实和环境看成是人的历史活动的结果，而这个历史活动的主要内容或基础就是人的现实生活的生产，尤其是物质生产。在社会发展的过程中存在着生产力与交往形式（生产关系）的矛盾，这种生产力的现实表现主要是个人的活动。这是一种什么活动呢？“这种活动的基本形式当然是物质活动，一切其他的活动，如精神活动、政治活动、宗教活动等都取决于它。”[①]由此可以看出，马克思把物质生产（或物质活动、物质行动）看作实践的主要形式之一，其他的活动形式（如精神活动、政治活动、宗教活动等）也属于人类的实践形式，只不过它们的现实表现取决于物质活动的状况，受到它的重要影响。生产力是现实社会发展的基础，在一定的生产力的条件下，会产生与其相适应的社会关系（生产关系）以及观念的上层建筑。历史时间就是在社会所具有的矛盾中向前发展的。

三、马克思新历史观的主要内涵及其哲学意义

马克思开启了一种全新的理解历史的方式。这种方式不再假借外部的力量解释历史，而是从社会内部理解历史的发展。它从根本上结束了神秘主义历史观的统治，第一次尝试科学地解释人类历史的发展进程。

---

① 马克思，恩格斯．马克思恩格斯选集：第 1 卷［M］.3 版．北京：人民出版社，2012:203.

新历史观的主要内涵表现在如下几个方面：

第一，人民是历史的创造者。传统历史观要么强调“神意”的优先性，要么强调“精神”或者“理性”的决定性。在《〈黑格尔法哲学批判〉导言》中，马克思认为无产阶级只有通过斗争才能争取自身的权利，只有让现有制度彻底“解体”，才能变成真正的自由人。马克思在《神圣家族》中，进一步批判了青年黑格尔派过度强调“自我意识”和“精神”的作用，认为他们在云霄中建立了一个虚无的王国，用“精神”反对群众，认为后者是精神发展的障碍。相反，马克思认为应该回到尘世中，重视现实的物质基础，重视人民群众的劳动创造的价值。在《德意志意识形态》中，马克思则明确强调历史发展的前提是满足吃喝住穿等基本生活需要的活动，这些生活的必需品是人民群众通过劳动创造出来的。没有人民群众的看似低贱的劳动，历史发展将会停滞不前。由此，他表达了人民是历史的创造者的基本思想。

第二，劳动和物质生产的基础地位。历史发展的前提是一个个现实的人的存在，“全部人类历史的第一个前提无疑是有生命的个人的存在”①，而要维持生命的存在，首先需要进行物质生产。只有物质产品满足了基本需要，人们才能进行其他的生产活动。人们要创造历史，必须首先能够生活。②如果没有肉体的存在，人类历史发展就彻底终结了。因此，马克思认为生产物质产品（劳动）就是第一个历史活动，物质生产活动是一切其他活动的基础和前提。而从事物质生产的劳动主体只能是人民群众，而不是哲学家或者天主教会的牧师们。

第三，思想、意识、观念等也是人们生产出来的，是物质行动的直接产物。在物质生产的过程中，人们也在进行着思想、意识和观念的“生产”。物质生产和思想、观念等的生产是交织在一起的。③马克思认为，不是意识决定生活，而是生活决定意识。唯物史观的出发点是从事实际活动的人。从事物质生产的人们在改变世界的同时也在改变着自己的思想。④唯心主义者把思想、意识和观念看

---

① 马克思，恩格斯．马克思恩格斯文集：第 1 卷［M］．北京：人民出版社，2009:519.

② 同①531.

③ 同①524.

④ 同①525.

作神圣的对象，认为这是高贵的活动，相反却贬低物质生产活动。甚至唯物论者费尔巴哈也是如此。马克思通过解释历史中的生产活动，说明了物质生产和精神生产都是人民群众创造出来的，而不是“神意”的产物，这样就消除了历史解释中的神秘主义因素。

第四，要理解人类历史，必须结合工业和交换的历史去考察。唯心主义历史观主要从“自我意识”、“精神”或“理性”的角度理解现实，它无法理解这些“精神”得以产生的现实基础。唯物史观考察的主要是现实中的有生命的个人，而不是脱离现实的仅仅是有高明的“意识”和“精神”的个人。为了理解人和人的历史，马克思认为必须结合人们日常生活的历史进行考察，必须和工业、交换的历史联系起来进行研究。[①]

第五，要把市民社会作为理解历史的基础。马克思所建立的新的历史观是一种全新的观念。他认为，要理解宗教、哲学、道德等，就要从对市民社会的分析中寻找答案。总之，要从物质生活实践出发解释观念的产生，而不是从观念出发解释实践。[②]他批评过去的历史观脱离日常生活而去寻找某种概念，忽视了历史发展赖以发生的现实基础，由此形成的历史观只能是某种精神臆想的产物，而不是对历史发展本身的真实描述。

第六，要重视辩证地理解社会发展各因素的矛盾运动。马克思所提出的历史观已经蕴含着生产力和生产关系、经济基础和上层建筑辩证的矛盾运动的观点，它不同于忽视矛盾运动的经验主义或者实证主义的历史观。正是因为运用辩证的方法分析社会，才能得出不同于改良主义的革命性的结论。

由马克思所建立起的这种关于世界和历史的新的理解具有深远的哲学意义。

它首先意味着一个崭新的哲学时代的开启，即从唯心主义一统天下到以唯物主义为主流的时代。唯物主义的胜利是和唯心主义的衰落一起发生的，同时也是和形而上学的衰落一起发生的。辩证唯物主义哲学的形成是一个划时代的事件，从此以后，人们对世界和历史的理解发生了新的“哥白尼式倒转”。

其次，新哲学建构起一个崭新的世界观，人们第一次可以用科学完整地解释

---

① 马克思，恩格斯．马克思恩格斯文集：第 1 卷［M］．北京：人民出版社，2009:533.

② 同①544.

自然和社会历史的发展。在马克思之前，人们要么用“神意”解释世界历史，要么用理性或者精神解释世界历史，无论哪一种方式，都显示出对自然和社会理解的局限性。根本原因在于，它们都未能把客观的物质世界和人的实践活动作为解释世界历史的基本前提，而是执着于所谓超自然的神圣力量或者崇高的“精神”力量。

最后，由这种新哲学所形成的历史观，第一次从理论上证明了人民群众是历史的创造者，颠覆了传统的以贵族或有产阶级的统治而形成的狭隘的价值观，赋予了人民以历史发展的主体地位。哲学第一次开始公正地肯定普通劳动者的贡献，也标志着人类对正义的认知发生了深刻的转变，即从一种英雄主义的立场向着以人民为中心的立场的转变。

第四章

辩证时间：马克思对时间概念理解的进一步深化

马克思并不像传统哲学家那样把时间仅仅理解为一个具有神秘意义的概念，而是当作描述“现实”本身的一个概念性的工具。随着对社会生产实践的重视，马克思对“现实”的分析越来越具体，也因为“现实”本身的复杂性，仅仅像费尔巴哈那样直观地分析问题已经存在着严重的局限性。事实上，辩证的方法是为了应对“现实”的复杂性而产生的思维方法。随着对资本主义社会这个复杂的“总体”的分析，马克思的时间概念越来越具有辩证性。只有这样，才能克服传统哲学的局限性。

一、传统哲学的时间概念及其局限

哲学家们对时间的本质问题曾经进行过许多思考和分析，对时间概念的理解各种各样，也取得了一定的理论成果。以下将选取历史上几种具有代表性的观点，进行分析和说明。

像对“存在”概念的分析一样，亚里士多德也对时间的本质进行过研究，他追问道：“时间是存在着的事物呢，还是不存在的呢？它的本性是什么呢？”[①]亚里士多德

① 亚里士多德．物理学［M］．张竹明，译．北京：商务印书馆，1982:121.

德在《物理学》中批评了毕达哥拉斯和柏拉图的观点，前者认为“时间就是天球本身”，后者则认为“时间是无所不包的天球的运动”[①]。他提出，时间既不是运动，也不是天球本身，但是与运动密切相关。如何理解时间呢？亚里士多德认为，时间是一种数。[②]应该说，亚里士多德较早思考了时间的本质问题，开启了系统地研究时间概念的先河。

对于时间是什么的问题，奥古斯丁也曾经极为困惑。不过，他是从思想的角度理解时间问题的。奥古斯丁认为，“将来”和“过去”都不存在，只有“现在”存在。[③]他说：“过去事物的现在便是记忆，现在事物的现在便是直接感觉，将来事物的现在便是期望。”[④]虽然奥古斯丁通过论证也否定了“时间是运动”的判断[⑤]，但是，因为拘泥于从思想的伸展角度理解时间[⑥]，他也无法理解时间的本质。

康德认为，感性的直观之所以可能，是因为人的感官存在着先天的纯粹形式。时间和空间就是这种纯粹形式。他说：“……时间是先天地被给予的。唯有在时间中，显象的一切现实性才是可能的。这些显象全都可以去掉，但时间自身（作为显象的可能性的普遍条件）却不能被取消。”[⑦]按照康德的理解，时间是一般显象的先天形式条件，也是“感性直观的主观条件”，除此之外，它什么也不是。[⑧]

和康德相比，黑格尔对时间的理解则是与事物的变化相关的。他说：“时间是那种存在的时候不存在、不存在的时候存在的存在，是被直观的变易。”[⑨]在他看来，时间就是否定之否定，是“己外存在的否定性统一”[⑩]。不能说一切事

① 亚里士多德．物理学［M］．张竹明，译．北京：商务印书馆，1982:122.

② 同①125.

③ 奥古斯丁．忏悔录［M］．周士良，译．北京：商务印书馆，1963:247.

④ 同③247.

⑤ 同③251.

⑥ 同③253.

⑦ 康德．康德著作全集：第4卷［M］．李秋零，主编．北京：中国人民大学出版社，2005:30.

⑧ 同⑦33.

⑨ 黑格尔．自然哲学［M］．梁志学，等译．北京：商务印书馆，1980:48.

⑩ 同⑨48.

物都在时间中产生和消逝，因为时间就是这种表现为流变的“变易”，“就是产生一切并摧毁自己产物的克洛诺斯”①。有限的事物都是具有时间性的，理念和精神则不具有时间性，而是具有永恒性。②由此看来，黑格尔理解的时间和时间性主要是用来描述变化着的存在。只有在时间性的视野中，存在才能发展自身为绝对的理念，最终达到绝对真理。虽然黑格尔把时间理解为作为否定之否定的“变易”，但是，他仅仅在理念的意义上讨论这种“变易”，并且仅仅把这种“变易”当作精神达到绝对真理的方式，而不是从市民社会中真实的人及其社会关系的角度理解这种“变易”及其结果。

费尔巴哈认为，思辨哲学研究的对象因为不是在时间和空间中的存在，所以是虚假的、抽象的。他虽然没有着力探讨时间的本质是什么，但是他十分强调时间和空间维度的重要性。他说：“空间和时间是一切实体的存在形式。只有在空间和时间内的存在才是存在。”③费尔巴哈提出，不能在哲学和事物的本质中否定时间和空间，否则会产生严重的后果：“一个民族，如果由于它的形而上学而排除了时间，将永恒的，亦即抽象的、与时间脱离的存在神圣化，也一定会由于它的政治而排除时间，将既不合法又不合理的、反历史的固定原则神圣化。”④由此，他甚至提出了“空间和时间是实践的第一个标准”的命题。⑤也就是说，脱离了时间和空间的存在就不是真实的存在，只有在时间和空间中的存在才是真实的，才是哲学和其他科学所要关注和研究的对象。即使是思维，也要在时空以内存在才是“实际的思维”。⑥在费尔巴哈看来，思辨哲学使发展脱离时间，是“任意妄为的一件真正杰作”，“没有时间的发展，也就等于不发展的发展”⑦。费尔巴哈比黑格尔进步的地方在于，他强调哲学要面向在时间和空间里

---

① 黑格尔．自然哲学［M］．梁志学，等译．北京：商务印书馆，1980:49.

② 同①49-50.

③ 费尔巴哈．关于哲学改造的临时纲要［M］．洪潜，译．北京：生活·读书·新知三联书店，1958:9.

④ 同③10.

⑤ 同③10.

⑥ 费尔巴哈．未来哲学原理［M］．洪谦，译．北京：生活·读书·新知三联书店，1955:69.

⑦ 同③10.

的事物，而不是永恒性的理念。只有研究在时空中的存在，才是获得真理、避免产生反历史的谬论的前提。

由以上的分析可以看出，哲学家们对时间概念的理解经历了逐渐深化的过程。尽管如此，由于受到直观的和形而上学方法的限制，他们对时间概念的理解仍然停留在抽象和空洞的阶段。费尔巴哈虽然力图避免思辨哲学的局限，但是由于他采用直观的方法观察问题，所以也无法深入理解时间概念的社会性内涵。马克思运用唯物辩证法，从实践的角度考察历史和社会的发展，获得了超越传统哲学狭隘视野的新视角，也克服了传统哲学在时间概念理解上的局限性。

二、马克思的时间概念

马克思对时间概念的理解经历了复杂的过程，这一理解也随着对实践和现实的理解而不断深入。他不仅用时间概念解释感性和现象世界，而且用之分析资本主义社会。时间的视野成为他打开资本主义“存在”（现实）秘密的关键。

马克思突破传统哲学对时间概念的空洞理解的关键在于：运用唯物辩证法，从人的实践活动的角度考察所有社会问题，由此获得了理解具体问题的广阔的时间视野。在这个意义上说，马克思的时间概念是辩证的时间，它不同于“永恒时间”或者“物理时间”的理解。

在《关于费尔巴哈的提纲》中，马克思说：“凡是把理论引向神秘主义的神秘东西，都能在人的实践以及对这种实践的理解中得到合理的解决。”[①]这说明，他理解所有社会和历史问题，都是将其与人的实践活动联系起来考察的。这一不同于费尔巴哈和传统哲学单纯重视理论实践的全新的实践观，是马克思发动哲学革命的理论生长点。马克思对实践概念的理解突破传统哲学的关键之处在于：满足生活需要的物质生产劳动成为实践概念的主要内涵之一。[②]因为对实践

① 马克思，恩格斯．马克思恩格斯文集：第 1 卷［M］．北京：人民出版社，2009:501.

② 郭云峰．实践与时间——对马克思时间概念的历史性解读［M］．南京：南京大学出版社，2016:116-129.

概念理解上的转变，马克思早期理解的“感性时间”后来进一步具体化为“劳动时间”和“自由时间”。

早在《德谟克利特的自然哲学和伊壁鸠鲁的自然哲学的差别》一文中，马克思批评了崇拜天体、以太和众神的古代人，因为他们所坚持的是一种“永恒的时间”。[①]与之相反，伊壁鸠鲁则把时间理解为“感性的时间”。在他看来，时间就是“现象的绝对形式”[②]，是现象的自身反映。[③]伊壁鸠鲁把感性知觉看作“时间的源泉和时间本身”[④]，因为正是通过感性知觉的作用，才会产生时间意识，这种意识也是对感性自身不断变化的意识。马克思认为，时间和感性之间构成了密切的关系，“人的感性就是形体化的时间，就是感性世界存在着的自身反映”[⑤]，“事物的时间性和事物对感官的显现，被设定为事物本身的同一个东西”[⑥]。

马克思对“感性”的理解因为纳入了时间的视野而显示出其真理性。他认为，这种反映在时间性上的变易是事物自身的真实呈现。那种否定事物变易的、对永恒性的崇拜，只会助长宗教式迷信。马克思站在辩证法和感性哲学的立场，对伊壁鸠鲁哲学进行了新的诠释。他称赞伊壁鸠鲁为“最伟大的希腊启蒙思想家”[⑦]，否定了崇拜永恒时间的蒙昧思想。他说：“如果把那只在抽象的普遍性的形式下表现其自身的自我意识提升为绝对的原则，那么就会为迷信的和不自由的神秘主义大开方便之门。”[⑧]这句话实际上既是对伊壁鸠鲁强调感性知觉地位的肯定，也是对黑格尔的抽象自我意识的批评。

从永恒时间向感性时间的转变，初步完成了从形而上学向唯物主义哲学的转折。随着对实践的强调，马克思对时间概念的理解进一步深化了。它表现为：对

① 马克思，恩格斯．马克思恩格斯全集：第 1 卷［M］．北京：人民出版社，1995:56.

② 同①52.

③ 同①53.

④ 同①53.

⑤ 同①53.

⑥ 同①54.

⑦ 同①63.

⑧ 同①63.

时间的理解逐渐从抽象的“感性时间”变成具体的“实践性时间”。

在《1844年经济学哲学手稿》中，马克思非常重视对异化劳动的分析，他在分析中揭示的劳动异化实际上也是时间的异化。他通过研究舒尔茨和其他经济学家的著作注意到，先进的、节省劳动的生产技术的采用并没有节省工人的劳动时间，相反，劳动时间却增加了。经济学家舒尔茨记录了当时英国的情形，他说：“最近二十五年来，也正是从棉纺织业采用节省劳动的机器以来，这个部门的英国工人的劳动时间已由于企业主追逐暴利而增加到每日十二至十六小时。”①虽然社会生产总量比十年前大幅提升了，但工人的工资和福利却没有涨，甚至更加穷困。机器技术进步虽提高了生产效率，但没有改变工人奴隶式劳动的处境，还令他们的工作内容变得更加单调乏味，这给工人的身心健康带来极大的伤害。

马克思称之为“劳动异化”，劳动时间的异化。也就是在资本主义生产方式下，工人的劳动时间和剩余时间都被资本家所占有，成为获取剩余价值的手段。工人在劳动中感受不到自己的价值和意义，与劳动的关系疏远，导致生产过程缺乏创造性和积极性。马克思认为，这种时间的异化，其根源在于资本主义所有制关系。只有扬弃这种关系，才能消除被异化的时间，使无产阶级充分享受到劳动创造的成果。

在马克思看来，时间范畴只是考察具体社会问题的概念性工具，并不具有永恒的意义。他十分重视对社会的内在矛盾进行辩证地分析，由此展开的对“历史之谜”的揭示才是真实发生的历史。②他认为，正是生产力、生产关系和意识形态等上层建筑之间的矛盾运动形成了历史，也只有在这个层面上，才能真正理解“时间”和“存在（现实）”的本质。因此，时间范畴不是单一的或“纯粹”的概念，而是具有辩证性的概念。

传统哲学由于忽视人的实践活动，往往把时间概念与抽象的物质和精神结合起来思考，要么停留在单纯的客体维度（物理学），要么止步于单纯的主体维度（个体生存论）。马克思克服了这一局限，既重视理解时间的主体维度，也重视

① 马克思.1844年经济学哲学手稿［M］.北京：人民出版社，2000:15.

② 孙伯鍨，张一兵，唐正东.“历史之谜”的历史性剥离与马克思哲学的深层内涵［J］.南京大学学报（哲学.人文科学.社会科学版），2000（1）:7-8.

理解时间的客体维度。作为主体维度的时间，表现为劳动者从事物质生产的时间、恢复体力的休息时间和可以自由支配的时间等。所谓时间的异化，突出表现在劳动者只有付出大量的劳动时间才能获得满足自身和家庭生活需要的物质资料，同时又丧失了自由发展的时间。马克思说："时间是人类发展的空间。"一个人要有一定的自由时间发展自己，否则不如一头役畜。[①]与此同时，作为客体维度的时间往往被研究者所忽视。在马克思看来，不仅商品是劳动时间的凝结，通过人的实践活动所创造出的所有东西，都可以看作是"凝固"的时间。例如，生产关系可以看作是"凝固"的时间，因为它是人们在生产出麻布等产品的同时一并"生产"出来的东西，而这种"关系"深刻地影响着生产活动，它本身也不是永恒不变的。资本主义生产关系和奴隶社会的生产关系一样，也是被生产出来的，而不是永恒的。随着生产力的进步，它是一定会被更高的生产关系取代的。

整个社会就是在这种作为主体维度的时间和作为客体维度的时间的矛盾运动中向前发展的。当然，这种发展首先是以各行业劳动者的生产劳动为前提。"资本"通过雇佣劳动，组织起大规模生产，既促进了生产力发展，也造成很多社会问题。例如，由于一方的自由时间的积累是以劳动者的剩余时间为基础的，它造成了对抗性的文明形态。[②]资本主义生产关系有历史进步性，但是，由于"资本"的本性是发财致富，这样就和由技术进步带来的强大的生产力发生了矛盾。发达的生产力不是服务于社会的个人的普遍发展，而仅仅服务于资本的增殖目的。马克思认为，如此一来，"资本"就成为自身发展的最大限制。资本自身无法克服的内在矛盾，也成为许多社会问题产生的根源。只有扬弃资本主义生产关系，才能根本解决由此产生的问题。

在对时间概念所作的分析中，可以看出，马克思的重要理论贡献在于：通过对时间概念的辩证理解，揭示了资本主义生产方式的暂时性和局限性，并且他认为，劳动阶级只有联合起来，才能争取自身的正当权利，重新控制被资本束缚的时间，使其成为有助于全体劳动者发展的自由时间。可以说，马克思的辩证时间观为无产阶级争取自身的权益奠定了科学的理论基础，它是马克思主义哲学理论

---

① 马克思，恩格斯．马克思恩格斯选集：第 2 卷［M］.3 版．北京：人民出版社，2012:61.

② 马克思，恩格斯．马克思恩格斯全集：第 32 卷［M］.2 版．北京：人民出版社，1998:214.

中重要的组成部分。

三、辩证时间的哲学意义

马克思对时间的理解与传统哲学的重要区别在于他的辩证性。传统哲学要么结合运动思考时间，要么结合心灵或者精神思考时间，要么在单纯的感性直观的意义上理解时间。只有在马克思结合了具体的改造世界的实践活动，尤其是结合劳动理解时间，从而开始重视劳动时间之后，对时间的理解才真正得以深化。能够做到这一点，也与马克思充分重视事物之间存在的矛盾和丰富联系并揭示这种矛盾和联系有关。

在马克思之前，黑格尔对时间的理解也具有一定的辩证性。但是，由于他并没有把人的实践活动当作理解历史发展的重要起点，而是抬高精神的作用，造成他无法更深刻地理解历史。黑格尔只是在“变易”的意义上理解时间，认为时间就是变化本身。“时间是那种存在的时候不存在、不存在的时候存在的存在，是被直观的变易。”[①]从逻辑的角度理解，时间就是否定的否定。在黑格尔这里，它表现为一个“概念”否定另一个“概念”的“活动”。

只有当马克思把“活动”赋予了更多“实践性”内涵，时间的辩证性才能真正体现出来。只有这样才可以理解为什么剩余劳动时间创造了自由时间，为什么劳动时间与价值密切相关等。马克思在对时间的分析中还注意考察了时间的主体维度和客体维度，即在实践活动的主体那里表现出的“活的时间”和在实践活动的创造物那里所表现出的时间的“凝结”。

“时间”概念是马克思理解社会历史发展的一个核心概念，它表现为不断的变化，永恒的“变易”，不断自我否定的运动。马克思之所以认为资本主义并不是永恒的社会生产方式，也是他的“时间”哲学所决定的。人是一定要死的，社会的生产方式也一定是不断“否定”自身而变化的，没有永远不变的东西，只有“变易”是永远不变的。在《德意志意识形态》中，马克思曾说，共产主义是一

---

① 黑格尔．自然哲学［M］．梁志学，等译．北京：商务印书馆，1980:48.

种不断变革现存状况的运动，而不是现实应当与之相符合的理想。实际上，这也肯定了一种基于“时间”概念的不断的自我否定的向善的运动，共产主义就是这种不断的自我否定的“运动”。

因为马克思在分析问题时使用了辩证的方法，所以，他所建立起来的时间观可以看作是一种辩证时间观。这种时间观克服了传统时间理解的局限性，丰富和发展了时间概念的哲学内涵。辩证时间观也大大扩展了人们对时间概念的理解，有助于人们更加深入地理解社会和历史发展的本质内涵。马克思继承了传统哲学的辩证方法，发展出唯物辩证法，以此为基础深化了对时间问题的理解。黑格尔虽然也使用了传统的辩证法，但是在“精神”的优先性的基础上对社会历史进行解释的，他所发展的唯心主义哲学传统虽然也部分解释了社会历史的发展，但具有片面性。只有马克思在唯物辩证法的基础上对时间概念以及社会历史的内涵的理解才更加全面，更加符合现实本身。

第五章

自由时间：劳动时间和人的解放

马克思在《1861—1863年经济学手稿》中指出，从工厂制度可以看出，剩余劳动或劳动时间问题成了决定性的因素。他在其后又写道："时间实际上是人的积极存在，它不仅是人的生命的尺度，而且是人的发展的空间。"[①]马克思并不是把时间看成一个简单的概念，事实上他把时间概念与人的生存密切联系起来，认为通过辩证地分析劳动时间可以揭示资本主义生产的秘密。

一、抽象劳动与抽象时间

在对资本的进一步分析中，马克思发现，要揭示资本"运动"的秘密，需要借助"从抽象上升到具体"的方法，从过去那种异化式的批判模式逐渐发展出更加科学的辩证分析模式。以此为基础，唯物主义哲学再一次得到深化。

众所周知，马克思在《资本论》中区分了两种劳动：具体劳动和抽象劳动。前者创造商品的使用价值，后者则创造价值。[②]在这里，抽象劳动的概念被马克思作为分析资

① 马克思，恩格斯．马克思恩格斯全集：第47卷［M］．北京：人民出版社，1979:532.

② 马克思，恩格斯．马克思恩格斯全集：第44卷［M］.2版．北京：人民出版社，2001:60.

本主义生产过程的核心范畴重点加以使用。

早在《1857—1858年经济学手稿》中，马克思回顾了“劳动一般”这个抽象概念的形成过程。劳动概念看似一个简单的范畴，但是，马克思认为它是一个现代范畴。亚当·斯密“抛开了创造财富的活动的一切规定性”①，把创造财富的具体劳动看作抽象的“劳动一般”，马克思认为这是一个非常重要的进步。

马克思在对资产阶级社会进行分析时所使用的劳动概念，主要是在抽象劳动意义上的非具体劳动。他认为这种抽象劳动是现代经济学的起点。②抽象劳动的范畴是在历史上逐渐产生的。在《资本论》中，马克思以亚里士多德为例指出，他之所以没有能够看出在商品价值形式中一切劳动都是同等意义的劳动，就是因为希腊社会是建立在奴隶劳动的基础上的。③亚里士多德天才地发现了在商品中存在的等同关系，但是不知道这种等同关系究竟是什么。马克思指出，这种等同关系是“抽象劳动”。每件商品都是一定劳动时间的对象化，商品的价值取决于生产该商品时所需要的劳动时间。正是因为商品中包含着抽象劳动，才能按照包含的劳动量多少进行市场交换。

与此相应，马克思所理解的时间也从具体劳动时间变成抽象劳动时间。当然，这种“抽象”并不是不具体，而是对资本主义生产方式下的“具体”的抽象，因此可以说，它反映的才是社会的真实内容。

那么，应该怎样理解劳动时间和商品价值之间的关系呢？在资本主义的生产关系下，资本把生产交换价值当作手段以实现自身的不断增殖。马克思认为，不能用单个商品生产时所花费的劳动时间来衡量商品的价值量，而要用社会必要劳动时间来衡量。他说：“社会必要劳动时间是在现有的社会正常的生产条件下，在社会平均的劳动熟练程度和劳动强度下制造某种使用价值所需要的劳动时间。”④通过对劳动和劳动时间的分析，马克思阐明了商品价值的形成和劳动时间之间的密不可分的联系，从而为剩余价值理论的建立准备了条件。

① 马克思，恩格斯．马克思恩格斯全集：第30卷［M］.2版．北京：人民出版社，1995:45.

② 同①46.

③ 马克思，恩格斯．马克思恩格斯全集：第44卷［M］.2版．北京：人民出版社，2001:75.

④ 同③52.

但是，由于拜物教的存在，劳动创造价值的过程被掩盖。在《资本论》中，马克思对拜物教的产生也做了出色分析。在他看来，商品既简单又古怪。它的简单之处在于：作为特殊的物，商品具有可以感觉的性质；它的古怪之处则表现为：在生活中畅行无阻，可以和任何东西进行交换。这种可交换性使得一切神圣的事物都成为它的一个分子。

那么，商品这种形式所表现出的神秘性质是怎样出现的呢？正是因为“劳动”成为抽象劳动，它就可以成为比较价值量的基础，所以商品才具有可交换性。而作为商品的物的世界又反过来掩盖了其中蕴含的劳动的价值和与此相关的生产关系[①]，这样一来，作为资本的表现形式的商品和作为符号表现的货币就成为这个世界的“主体”，而人及其活的劳动则被“边缘化”为不在场的幽灵般的幻影。

二、自由时间的创造以劳动时间为基础

早在《神圣家族》中，马克思已经提出，能否实现人类的真正发展，取决于在物质生产领域耗费多少劳动时间。只有设法减少耗费在物质生产领域的劳动时间，才能为人类发展赢得更多的自由时间。他说：“因为社会是否有时间来实现合乎人性的发展，就取决于时间。”[②]由此可以看出，马克思认为人类用于发展的时间的多少，取决于耗费在物质生产领域的劳动时间能否减少。人们通过付出一定的劳动时间创造出物质财富，使得更多的人可以不用从事繁重的生产劳动，这样就为社会赢得了进行精神创造等个人发展的时间。

在资本主义生产关系下，一部分人的自由时间的获得是以侵占工人的剩余劳动时间为代价的。在《1861—1863年经济学手稿》中，马克思在讨论英国的工厂制度如何榨取剩余价值的时候，抨击对童工和工人的残酷使用。他指出如下事实：1844年皮尔政府时期，年龄为8岁至13岁的儿童的工作时间规定为每天6个

① 马克思，恩格斯．马克思恩格斯全集：第44卷［M］.2版．北京：人民出版社，2001:89.

② 马克思，恩格斯．马克思恩格斯文集：第1卷［M］．北京：人民出版社，2009:270.

半小时，13岁以上的工人为12小时（从早上6点到晚上6点）。[①]经过认真调查之后，恩格斯在《英国工人阶级状况》一文中曾经说过：英国工业的威力是依靠残酷地对待工人来维持的。[②]马克思对他的观点表示赞成，并指出："在这里，剩余劳动，从而劳动时间问题成了决定性的东西。……随着资本侵入这里，剩余劳动时间成了对工人精神生活和肉体生活的侵占。"[③]

从以上描述的现象可以看出，资本主义生产方式表现出野蛮和残酷压榨的特征。表面上看来，资本主义创造出"辉煌"的文明，但从实质上而言，这种所谓的"文明"是以对工人的残酷剥削为代价的。作为对活劳动能力的统治权，"资本"在现实中与"丧失了客观条件"的劳动能力相对立。工人在生产中不属于他自己，事实上只是"资本"的一个构成要素。"劳动"已经出卖给资本，表现为他人的"劳动"。工人的劳动能力属于他的对立的一方所有。为了获得更多剩余价值，资本想方设法侵占工人的剩余劳动时间。资本所表现出的"野蛮"特征，并不是偶然的，而是由其本性决定的。

活劳动是物化劳动、保持和增殖自身的手段，资本的增殖来自对他人劳动的占有。在资本主义生产方式下，工人除了要通过必要劳动时间"弥补"资本家付出工资的"损失"之外，还要为其创造更多价值，这部分价值表现为剩余劳动或剩余劳动时间。资本家对工人剩余劳动时间的占有也就是对他人的自由时间的占有，这意味着对工人所创造的文明的窃取。马克思说："资本家是窃取了工人为社会创造的自由时间，即窃取了文明。"[④]

建立在一方对另一方剩余劳动占有基础上的文明是一种对抗性质的文明，因为一方的自由是以另一方的过度劳动为基础的。[⑤]由此可以清晰地看到，马克思认为，资本主义所"创造"的文明是建立在劳动者的剩余劳动基础上的，不劳动的阶级是以劳动者的剩余劳动为生存条件，甚至以伤害劳动者健康的"过度劳

---

① 马克思，恩格斯．马克思恩格斯全集：第 47 卷［M］．北京：人民出版社，1979:531-532.

② 马克思，恩格斯．马克思恩格斯全集：第 2 卷［M］．北京：人民出版社，1957:462.

③ 同①532.

④ 马克思，恩格斯．马克思恩格斯全集：第 31 卷［M］.2 版．北京：人民出版社，1998:23.

⑤ 马克思，恩格斯．马克思恩格斯全集：第 32 卷［M］.2 版．北京：人民出版社，1998:214.

动”为条件的。因此，在资本主义社会中，自由时间的“创造”及其“占有”具有对抗性，资本主义的“文明”是一种对抗性的文明形态。

通过对资本主义社会中自由时间的来源进行分析，可以发现资本主义的“自由”和“文明”是建立在对剩余劳动时间的侵占的基础上的，这是一种对抗形态的文明，它表现为对劳动者发展的限制。之所以如此，是由资本的逐利本性所决定的。在分析社会问题时，马克思十分重视从时间的视角进行理解。和其他哲学家不同，他不是赋予时间概念以神秘的色彩，使其脱离实际成为一个绝对的概念，而是用时间概念辩证地分析客观的现实，并用之指导人和社会的发展。

三、从被束缚的时间到自由时间

“资本”是一种矛盾的生产方式，它本身就是一种具有摧毁作用的革命性力量。在“资本”面前，所有陈旧的生产方式和社会制度都逐渐解体了。“资本”也突破了民族的限制和民族的偏见，扩大了交往和需要的范围，造成了生产的多样化，创造出普遍有用性的体系。“资本”一方逐渐膨胀的过程，也意味着“劳动”一方力量的增强。因此，“资本”在对抗性的条件下创造出自己的“否定”力量。马克思认为，“到一定时候”，这种否定的力量“会扬弃资本本身”。[①]“资本”正走在扬弃自身的路上，它正在创造着建立新社会制度的“生产条件”[②]。

马克思认为，如果资本在剥削工人方面太成功了，他就要吃到生产过剩的苦头。[③]因为工人作为消费者没有足够的能力买回所生产的商品，就会出现生产过剩，结果导致整个社会出现经济危机。危机期间，大量工厂和商店关门，失业人口剧增，经济发展停滞，整个社会陷入一片混乱。危机“表现出社会的生产发展同它的现存的生产关系之间日益增长的不相适应”[④]。危机以“暴力”的方

① 马克思，恩格斯．马克思恩格斯全集：第 30 卷［M］.2 版．北京：人民出版社，1995:543.

② 同①453.

③ 马克思，恩格斯．马克思恩格斯全集：第 31 卷［M］.2 版．北京：人民出版社，1998:104.

④ 同③149.

式向“资本”发出忠告，要求其“让位于更高级的社会生产状态的最令人信服的形式”①。

资本在什么时候可以说完成了自己的历史使命呢？马克思认为，需要等到这样的时刻：当一个社会用很少的劳动时间就能生产出大量财富满足人们的需求，科学技术广泛应用于社会生活，“人不再从事那种可以让物来替人从事的劳动”②。如果到了这个时候资本主义生产方式还不改变，它就会造成大量人口过剩。这样一来，资本主义生产方式就走到了终点，完成了其历史使命，一种新的更高级的生产方式将会出现。马克思认为，革命的条件需要等到社会发展到这样的阶段，即社会生产力高度发展，整个社会因为机器的广泛应用可以在较少时间内完成全部的生产，就会造成大多数人口因失去活路而引发革命。③

当社会矛盾激化到一定程度，马克思认为，“工人群众自己应当占有自己的剩余劳动”④，因为通过占有他人的剩余劳动而推动生产力发展的生产方式变得落后了，它变成了生产力发展的束缚。人们对自己“剩余劳动”的占有使得自由时间的“生产”摆脱了对立的形式，真正的财富不是货币，而是所有个人的发达的生产力。财富的尺度也不再是根据劳动时间来衡量，而是根据可以自由支配的时间的尺度来判断。⑤由此，“时间”摆脱了“资本”的束缚或统治，而变成劳动群众用于自身发展的时间。生产力的进步不再是以占有他人的剩余劳动时间为基础，因为个人的全面发展本身就是发达生产力的表现和基础。

在科学技术被广泛应用于生产之后，工人所从事的直接劳动更多被机器劳动所代替。马克思认为，这一转变意义重大，它意味着生产方式的转变出现了重要契机。到那时，财富的基础不再是由劳动者完成的直接劳动，而是社会个人的发展。⑥

资本力求全面发展社会生产力，但是，这和它的狭隘本性发生了尖锐冲突。

---

① 马克思，恩格斯．马克思恩格斯全集：第 31 卷［M］.2 版．北京：人民出版社，1998:149.

② 马克思，恩格斯．马克思恩格斯全集：第 30 卷［M］.2 版．北京：人民出版社，1995:286.

③ 马克思，恩格斯．马克思恩格斯全集：第 46 卷［M］.2 版．北京：人民出版社，2003:293.

④ 同①104.

⑤ 同①104.

⑥ 同①101.

马克思认为，随着财富积累和科学发展到一定程度，资本就违背自己的意志，成了为社会可以自由支配的时间创造条件的工具，从而为整个社会的成员节约出时间。[①]如此一来，资本主义这种旧的生产方式的解体就有可能发生，它表现为一个“过渡点”[②]，由此将会进入一个新的社会发展阶段。

四、时间的节约和自由王国

马克思认为，真正的经济是“劳动时间的节约”。“节约”等于“发展生产力”，也等于增加使个人得到充分发展的自由时间。[③]马克思的经济学始终重视节约和人的发展，始终把全面发展的人作为经济发展的目的。

虽然资本主义生产也重视节约，但是它主要表现为通过把占有绝对剩余价值和相对剩余价值结合起来而实现“节约”，这是以牺牲人的发展为代价的“节约”，因此是以“浪费”和“牺牲”生产力（人）的片面发展的方式实现的“节约”[④]。这一“节约”的结果是以“物”的形式表现出来的生产力的高度发展和工人的“退化”。现代发达的“机器体系”迫使工人从事的劳动强度更大，“劳动时间”甚至比野蛮人的劳动时间还要长。[⑤]

过去的生产是以人的直接劳动或对他人的劳动时间的占有为基础，随着大工业的发展，未来的生产则是以“社会活动的结合”[⑥]为基础；过去的生产是以交换价值为基础，未来的生产则是以普遍发展为基础，由此才可能出现个人的全面发展。过去衡量财富的尺度是占有多少“劳动时间”，未来衡量财富的尺度将是“可以自由支配的时间”。劳动时间的“节约”也意味着自由时间的增加，未来

① 马克思，恩格斯．马克思恩格斯全集：第 31 卷［M］.2 版．北京：人民出版社，1998:103.

② 马克思，恩格斯．马克思恩格斯全集：第 47 卷［M］．北京：人民出版社，1979:539.

③ 同①107-108.

④ 马克思，恩格斯．马克思恩格斯全集：第 46 卷［M］.2 版．北京：人民出版社，2003:101-103.

⑤ 同①104.

⑥ 同①105.

社会仍将重视时间的节约。一切节约都可以归结为“时间的节约”①。

作为目的的自由王国虽然美好，但是，必须以必然王国为基础和前提。只有尊重必然性并顺应社会发展的规律，才能在“最无愧于”②人类本性的条件下、以最节约的方式完成物质生产活动。只有缩减了用于物质生产的“必要劳动时间”，“自由”才具备生长的条件，所以马克思特别强调“工作日的缩短是根本条件”，他说：“这个领域内的自由只能是：社会化的人，联合起来的生产者，将合理地调节他们和自然之间的物质变换，把它置于他们的共同控制之下，而不让它作为一种盲目的力量来统治自己；靠消耗最小的力量，在最无愧于和最适合于他们的人类本性的条件下来进行这种物质变换。……工作日的缩短是根本条件。”③

需要强调的是，马克思思考所有这些问题，包括“自由王国”实现的问题，都是在历史唯物主义的基本思路之基础上的。对他来说，如果不“解构”资本主义的生产关系，那么，“必然王国”就不可能被超越，“自由王国”也不可能真正到来。在资本主义生产关系条件下，所谓劳动时间的节约只会转变成“资本积累空间”的扩大，所谓科学技术的发展只会演变为“资本积累手段”的增强。因此，在马克思的眼里，技术、生产条件、劳动时间等要素都是被置于“生产关系发展”的理论维度上来加以考察的。正因如此，马克思的时间概念只能是一种历史唯物主义的时间概念，而不可能是“技术决定论”维度上的时间概念，或“抽象主体—行动主义”维度上的时间概念。

---

① 马克思，恩格斯．马克思恩格斯全集：第 30 卷［M］.2 版．北京：人民出版社，1995:123.

② 马克思，恩格斯．马克思恩格斯全集：第 46 卷［M］.2 版．北京：人民出版社，2003:928.

③ 同②928-929.

第六章

青年马克思的空间观

青年马克思对空间的理解也经历了不断深化的过程。他在写作博士论文时期通过对原子论的分析已经开始突破神秘主义的空间观，初步形成唯物主义的空间观。其后，随着对社会问题和工人劳动异化的关注，马克思对空间的理解也更加具体了。在批判青年黑格尔派的唯心主义空间观的过程中，马克思进一步走向唯物主义，这对于他后来形成科学的空间观具有重要意义。

一、马克思在博士论文时期对空间的理解

从马克思为获得博士学位而写作的论文《德谟克利特的自然哲学和伊壁鸠鲁的自然哲学的差别》中可以看出，虽然这一时期完整的空间观还没有建立起来，但是他已经开始尝试建立一种不同于神学的空间观。

在“微观空间”层面，青年马克思在博士论文中的理解主要表现在对原子的解释。不难看出，马克思主要接受了伊壁鸠鲁的原子论思想，肯定了他的原子论不同于德谟克利特原子论的理解。原子在虚空中有不同的运动形式，伊壁鸠鲁和德谟克利特的区别在于，前者认为原子存在偏离直线的运动。原子的偏斜运动打破了命运的束缚，并且

“偏斜正是它胸中能进行斗争和对抗的某种东西”[①]。马克思认为，这种偏斜运动所表现出的规律贯穿于整个伊壁鸠鲁哲学。行为的目的是获得心灵的宁静，众神也居住在世界之外，对世界漠不关心。[②]马克思在肯定伊壁鸠鲁的观点的同时，也对德谟克利特进行了批评，认为他把原子的运动理解为“一种强制的运动，一种盲目必然性的行为”[③]。原子偏斜说改变了原子王国的整个内部结构。[④]马克思后来一直强调主体的能动性以及对事物的矛盾性进行分析，在对原子运动的理解上，他也同样表现出一种打破必然性束缚和重视理解原子世界的矛盾的意向。

在对原子的质的理解上，伊壁鸠鲁和德谟克利特的不同表现在，前者肯定了除体积和形状之外的重力的存在。马克思认为伊壁鸠鲁的理解把原子概念中本质和存在的矛盾客观化了。[⑤]除此之外，伊壁鸠鲁不同于德谟克利特的另一个重要贡献在于，他把作为本原的原子和作为元素的原子区别开来了。德谟克利特未能作这样的区分，他没有像伊壁鸠鲁那样把握原子概念的矛盾并使之对象化。按照伊壁鸠鲁的理解，原子是自然界的绝对的、本质的形式，也是因为原子具有质，它就从“排斥及其与排斥相联系的聚集中，产生出现象世界”[⑥]。作为概念而存在的原子，就是“被毁灭了的自然”，但是当原子进入现象界，“它就下降为物质的基础”[⑦]。

在博士论文中，青年马克思对“宏观空间”的理解，主要表现在对自然天象的解释，而对于社会性空间则没有多少论述。此时的马克思还没有进入社会，更没有开始学习古典经济学，他对社会的认识还是非常有限的。

马克思肯定了伊壁鸠鲁关于“天象”的理解，认为他的观点和希腊哲学家的意见相对立。“对于天体的崇敬，是所有希腊哲学家遵从的一种崇拜。”[⑧]因为

---

① 马克思，恩格斯．马克思恩格斯全集：第 1 卷［M］.2 版．北京：人民出版社，1995:34.

② 同①35.

③ 同①37.

④ 同①38.

⑤ 同①44.

⑥ 同①49.

⑦ 同①49.

⑧ 同①55.

原初的物体是有别于地界的物质，如土、水、气等，在希腊哲学家们看来，天上是神所居住的地方，神和天体一样是不死的、不可毁灭的。亚里士多德就认为，最高的"实体"是在天体之上，它们既是不动的，也是永恒的；其次是"天体"，它是运动但永恒的；而地界的实体因为由土、水、木等构成，所以它们是运动且可朽的。"认为天体即是众神，而神性的东西包围着整个自然界的看法，是从古代人那里流传下来并以神话的形式在后人中间保存下来的。"①

伊壁鸠鲁反对对"天体"的崇拜和由此产生的迷信，他认为心灵最大的迷乱起源于把"天体"看作有福祉的和不可毁灭的。②只有通过对"现象"的观察和解释，人们才能认识到"现象"背后不可见的东西，只有这样才能排除神话的影响，达到一种心灵的"宁静状态"。"必须紧紧抓住现象，抓住感性知觉。"③马克思认为，伊壁鸠鲁的主张是打破神话和迷信的正确道路，即只有通过"追寻现象"，对现象作出合理的解释，才能认识到"天体"并不是永恒的，也才能克服对自然天象的无知和恐惧。天体的"永恒性"消灭了自我意识的"宁静状态"，伊壁鸠鲁认为凡是扰乱"自我意识"的心灵的宁静的东西都不是永恒的。伊壁鸠鲁代表的道路是一条完全不同于"天体崇拜"的盲目相信的道路，马克思认为，正是通过这样的途径才能正确地认识自然天象，一种自由、宁静的"自我意识"的产生才有了可能。通过考察伊壁鸠鲁对"天象"的解释，马克思表达了他对神话自然观和宗教的反对态度，那种带着神秘主义色彩的"自然观"由此解体了，这为建立一种科学的自然观创造了条件。从以上的分析可以看出，写作博士论文时期的马克思，在对"宏观空间"的理解上无疑已经走上了一条唯物主义的道路。

二、马克思对社会性空间的关注和初步分析

大学毕业以后，随着对社会现实问题的了解越来越多，马克思对空间的理解

---

① 马克思，恩格斯．马克思恩格斯全集：第1卷［M］.2版．北京：人民出版社，1995:56.

② 同①56.

③ 同①58.

主要集中在“社会性空间”。一方面在办报期间遭遇到来自政府的严苛的言论限制，另一方面是关于林木盗窃问题的立法讨论等现实问题，都让马克思感受到下层人民为了生计而遭遇的“现实利益”的苦恼而迫切的问题。同时，马克思通过对古典经济学著作的阅读越来越深化了他对现实问题的理解。在此之后，马克思更多关注的“空间”不再是自然哲学意义上的空间，而是社会性空间。

在《1844年经济学哲学手稿》中，马克思肯定了费尔巴哈的哲学贡献，同时也批判了思辨唯心主义哲学。他此时关注的重点是“私有财产”及私有制造成的“劳动异化”现象，并且对古典经济学和拜物教进行了初步批判。通过批判，马克思提出了自己的主张：通过“共产主义实践”扬弃私有制，实现人类的解放。

“私有财产”的主体本质就是“劳动”。[①]“工业资本”以及其他资本，就是“积累的劳动”，它们也是私有财产的最典型的形式。在资本主义生产方式下，作为私有财产的工业资本所代表的“积累的劳动”和以工人为代表的“活劳动”之间构成一对矛盾的关系，它所表现出的是资本对劳动的残酷剥削和压榨。“异化劳动”就是在资本和劳动这一对矛盾中出现的，它造成了财富的两极分化：资本的力量越来越强，工人则越来越贫穷，生活越来越没有保障。

马克思认为，劳动者所处的这种状况，是“私有财产制度”即资本主义生产方式造成的。要改变工人的处境，必须扬弃“私有财产”及其制度。“工人的解放”意味着整个社会从奴役制解放出来，同时也意味着普遍的“人的解放”[②]。

在资本主义生产方式中，工人不幸作为“商品”而存在，而且他们还要感谢能够作为这种商品而存在，因为一旦失去工作，那就意味着陷入饥饿而有被饿死的危险。马克思说，国民经济学不知道有失业的工人存在，他们主要关心的是资本能够带来多少利息收入。他讽刺李嘉图和穆勒，因为他们把人看作是“无关紧要的”，甚至是有害的，而把能获得多少收益看作生产的主要目的。经济学家们非常清楚，“资本家通常只有通过降低工资才能增加收益，反之则降低收益”[③]。资本和劳动的关系构成了一对相互“榨取”的关系。这一对关系如果达

① 马克思.1844年经济学哲学手稿［M］.北京：人民出版社，2000:73.

② 同①62-63.

③ 同①67.

到极端，马克思认为就达到了最高阶段，最终会走向“终结”。

和国民经济学家不同，马克思关注的是人的“生存”问题，尤其是处在底层的劳动者的命运。马克思认为，工人要改变这一悲惨命运，必须从这种“现代奴役制”解放出来。私有制使人变得片面，它激发了人们的“占有欲”。[①]劳动者解放的方式就是通过共产主义运动实现对私有财产的积极的扬弃。共产主义就是改变劳动者命运，最终实现整个人类解放的必然方式。[②]它是对私有财产的积极扬弃，也是对人的本质力量的“真正占有”，是向着“合乎人性的人”的复归。共产主义既是一种“人道主义”，也是一种“自然主义”，是对“历史之谜”的真正解答。[③]

私有财产及其制度造成了资本和劳动严重对立的状态，也导致大量工人陷入贫穷和没有保障的危险处境。这是一个贫富严重分化、资本和劳动之间处在极端“对立的空间”。要扬弃这种私有制所形成的“现代奴役性空间”，必须诉诸共产主义的实践，才有可能造就一种消除贫富分化和两极对立的，大卫·哈维所说的“希望的空间”。

但是，马克思因为此时对古典经济学研究并不深入，他仅仅停留在一种理想化的呼吁。对共产主义的科学理解只有在深入地分析“资本主义生产方式”之后才能实现。

尽管如此，青年马克思还是肯定了现代“工业实践”和“自然科学”的积极意义，认为“工业”是人的“本质力量”的充分展示，“自然科学”也逐渐进入人们的生活并且改造生活。“人的对象化的本质力量以感性的、异己的、有用的对象的形式，以异化的形式呈现在我们面前。”[④]现代资本主义“工业实践”尽管造成了“异化”，但是，它确实也展现了人的本质的力量。马克思批判由私有制造成的异化现象，但是却高度肯定“工业实践”的积极意义，这一点表明，他和传统的平均主义意义上的共产主义者有着本质的不同。

---

① 马克思.1844 年经济学哲学手稿［M］. 北京：人民出版社，2000:85.

② 同①93.

③ 同①81.

④ 同①89-90.

青年马克思理解的现实的“空间”主要是由私有财产制度造成的“异化的空间”，他认为一种“可能性”的新空间——共产主义，将会代替由私有制造成的旧空间。新空间的塑造需要扬弃私有财产及其制度，具体的方式则是通过“共产主义实践”。但是，他此时并没有从社会“内在矛盾”的角度分析社会，也没有提出领导这一运动的“党的建设”和“无产阶级专政”的主张，从这个意义上说，马克思对共产主义的理解还是抽象的、理想化的。

三、马克思对社会性空间的进一步探索

写作《1844年经济学哲学手稿》时期的马克思，已经开始对古典经济学进行研究，建构起一种唯物主义的社会发展观和空间观。以此为基础，马克思已经和黑格尔及其唯心主义弟子们区别开来。在建构新空间观的过程中，马克思必然要告别旧的空间观，和传统唯心主义空间观区分开来。

在《神圣家族》中，马克思批判了鲍威尔等人的思辨唯心主义。他认为，德国最危险的敌人是唯灵论或者说思辨唯心主义，因为它用“自我意识”即“精神”代替现实的个体的人。布鲁诺·鲍威尔的《文学总汇报》代表了这一派别的主要观点，它的总体特征是脱离现实的“思辨”。①

思辨哲学家理解的人只是“观念”“精神”，而不是真实的人。他们轻视普通的现实的人，认为哲学是“超实践的”。“所谓哲学曾经是超实践的，这只是说哲学曾经漂浮在实践之上。”②相反，费尔巴哈则把哲学拉回人间，要求关注现实的人的生活。马克思认为费尔巴哈代表了一种全新的哲学观，他开始关注现实中的人。

在工厂里的劳动者感受到思维和存在、意识和生活之间的差别，但是，他们不可能用“纯粹思维”改变他们的命运，而必须用实际的行动和具体的方式加以改变。“批判的批判”（即思辨唯心主义者）是一些靠“思维”的“以太”生活

① 马克思，恩格斯．马克思恩格斯文集：第1卷［M］．北京：人民出版社，2009:253.

② 同①265.

的怪物，他们认为只要教导工人们在思维中忘记“雇佣工人”的概念，就改变了他们的命运。[①]

在思辨唯心主义哲学家那里，“精神”高高在上，他们看不到现实的苦难。他们只看到那些“伟人”和“英雄”及其所表现出的“精神”，那些生活中的普通人在他们看来是微不足道、可以忽略的。不仅如此，他们还将其看作“精神”发展自身的“敌人”。“批判教导我们说：‘精神的真正敌人应该到群众中去寻找，而不是像以前的自由主义的代言人所认为的那样到别的地方去寻找。’”[②]“绝对的批判宣布‘群众’是精神的真正敌人。”[③]

马克思认为，布鲁诺等批判家们所表现的是黑格尔式的历史观，是“黑格尔历史观”的漫画式完成。在这种历史观中存在着持久的对立，其中一方是代表“积极精神”的少数杰出人物，另一方是代表“精神空虚”的群众。马克思指出，黑格尔历史观在本质上是精神和物质、上帝和世界相对立的“基督教德意志教条”的思辨表现。黑格尔的历史观以抽象的精神为前提，在他这里，人类发展的历史变成了“抽象精神”的历史，群众只是这种精神的“承担者”[④]。这样一来，黑格尔的“历史”也就变成了颠倒的历史，本末倒置的历史，不真实的历史。马克思对黑格尔及其弟子“鲍威尔们”的批判，显然要求把这种历史观颠倒过来。

在马克思建立的新的唯物史观产生之前，这种“精神高于一切”的历史观在哲学、政治乃至历史学领域，一直处于统治地位。在这种历史观下，“精神”看不到群众的“高尚性”。相反，倒是“空想社会主义者”看到了群众的高尚性，他们看到了劳动者的苦难并且试图改变他们的处境。

唯心主义历史观的危害在于，它形成了一种独有的偏见，认为一切历史的进步来自“精神”的创造，“群众”是“精神”的对立面。这种历史观所理解的社会是“精神”引导众生、拯救众生，而“群众”只是历史发展过程中的旁观者甚

① 马克思，恩格斯．马克思恩格斯文集：第1卷［M］．北京：人民出版社，2009:273.

② 同①288.

③ 同①289.

④ 同①291-292.

至阻碍历史进步的力量。在这种“社会历史空间”中只有“精神”具有价值，而“群众”则微不足道。

在这里，马克思已经有了一个惊人的发现，即黑格尔及其弟子的历史观严重扭曲了对社会“历史现象”的认识，他们把历史发展中的“精神”因素做了不恰当的夸大。

要建立一种全新的空间观，首先要彻底批判传统的唯心主义社会空间观。这种精神至上的空间观不仅阻碍着对社会历史的认识，而且维护着封建专制的政治制度，从而形成了一种阻碍历史发展的力量。马克思的批判为一种全新的空间观的建构创造了条件，他认为，改变旧世界首先要完成一种新的认识的任务，然后才能诉诸具体的、“物质的”力量去实现这种改变。

第七章

新空间观的初步建立

从意大利文艺复兴以来，自然科学的进步逐渐促使人们更深入地认识自然。例如，哥白尼的天文学新发现推翻了托勒密的地心说，显微镜的发明让微观世界的生物得以被认识，医学对于人体血液循环的发现等，这些发现建构了一种不同于经院哲学的新的自然观。同时，对于人的价值和尊严的重视也逐渐形成一种人道主义的价值观。和经院哲学的时空观不同，人们重新发现了自然和人的世界，这为马克思建构唯物主义空间观创造了条件。

一、新空间观建构的前奏

在马克思之前，人们对空间的理解已经取得很大进步。自然科学取得的成果改进了生产技术，促进了社会生产和对自然的改造，人文社会科学受到自然科学所取得的成果的影响，也试图改造社会和人性。在英法启蒙运动之后，康德试图建立一种科学的“形而上学”，但是他失败了。黑格尔在宗教和绝对唯心论的影响下，建立起一个庞大的哲学体系，但是因为其过度拔高了“精神”的地位，受到了费尔巴哈等后来者的严厉批判。

费尔巴哈的批判一针见血，认为黑格尔的哲学只不过是“思辨的神学”，它停留在“思维”的象牙塔里，而只有在“时间”和“空间”中的存在才是真正的“存在”，哲学应该研究时空中的“存在”。费尔巴哈认为，黑格尔的错误在于把“第二性”的东西当作了“第一性”，把“第一性”的东西放在了“第二性”的位置。应该从“第一性”的东西入手，即首先应从对现实和人本身的研究开始。

马克思认为费尔巴哈对黑格尔的批判是正确的。顺着后者的思路，在《1844年经济学哲学手稿》和《神圣家族》等著作中，马克思继续对黑格尔展开批判，认为他的哲学还没有完全摆脱宗教的束缚，其过度拔高“精神”的地位也显示出抽象的缺陷，其历史观在弟子鲍威尔等人的著作中更是走向极端，把群众作为精神发展的障碍。

费尔巴哈认识到黑格尔的错误并加以纠正，走向唯物主义哲学的道路，这是他的历史性贡献。在建立新的空间观的过程中，他打破了神创世界的空间观，完成了对黑格尔哲学的关键超越。

但是，费尔巴哈唯物哲学的局限性也暴露出来了。因为受到直观的方法论的限制，他无法深刻地理解“社会空间”及其发展。要深入地理解社会空间，必须诉诸辩证思维（辩证法），而不是感性的或理智的“直观”。

《关于费尔巴哈的提纲》第一条就直指要害，点出费尔巴哈唯物主义的局限性，即对“对象”、“现实”或“感性”只是做一种直观的理解，而不是“从主体方面去理解”，不是“当作实践去理解”①。受到这种方法的限制，费尔巴哈无法深刻地理解“现实”，也就是他所生活于其中的社会空间，也无法真正理解人的本质。马克思认为，他没有把人的活动理解为“对象性的活动”，而只是理解为“对象”本身。原因是费尔巴哈看重的是“理论活动”，认为这才是人的高贵的活动，而对象性的活动则是下里巴人的活动，没有多少价值。

费尔巴哈的缺陷是，他要求回到“现实”的空间并使其变成人道的空间，但是因为方法论的局限而无法深入认识社会。他把世界分为“宗教世界”和“世俗世界”，但没有分析世俗世界的矛盾。马克思认为，费尔巴哈把宗教世界归结于它的“世俗基础”，但是应该通过世俗基础的“自我分裂”和“自我矛盾”说明宗教世界，并且对于世俗基础也应从它自身的矛盾中加以理解，要在实践中促

① 马克思，恩格斯．马克思恩格斯文集：第1卷［M］．北京：人民出版社，2009:499.

其发生革命。[①]马克思指明了认识这个世俗基础的方法，即揭示世俗基础的自我矛盾，但是费尔巴哈没能做到这一点，“直观”方法的限制导致他无法理解“现实”本身。

《关于费尔巴哈的提纲》第一次明确地指出了费尔巴哈哲学的局限性，它标志着马克思重视黑格尔的辩证方法，对思辨哲学采取的是辩证地扬弃的态度，而不是简单的否定。马克思认为，费尔巴哈的唯物主义因为仅仅使用直观的方法去理解“现实”，只能“达到对单个人和市民社会的直观”[②]。只有用辩证的方法分析现实中的矛盾，才能充分理解现实，由此，建立一种全新的空间观才有可能。

二、新空间观的内涵

在马克思时代的传统空间观，影响比较大的是“思辨唯心主义”空间观，它的主要内涵是精神或理性主导世界的塑造过程。其次还有由英法唯物主义者所建构的“机械唯物主义”空间观，它认为整个世界，包括人都是机器，受到因果规律的作用，因此可以说“太阳底下无新事”。另外还有由叔本华的“意志主义”哲学所建立的意志决定一切的空间观，它不同于“理性决定论”，而是把“非理性”的因素发挥到了极致。

马克思建立的这种不同于传统哲学的空间观，既打破了机械空间观，也打破了理性或者非理性决定世界发展进程的唯心主义空间观。马克思把“自然空间”和“社会空间”看作是一个统一体。在《1844年经济学哲学手稿》中，他就已经把自然看作社会发展的前提。没有自然界，劳动者什么也不能创造，也就无所谓价值。自然界不仅为人的生产活动提供材料，而且它是人的身体的延伸。

马克思理解的“社会有机体”包括了自然空间的内容，但是，在对周围自然环境的理解上，马克思又不同于机械唯物论者所表现出的受因果规律决定的宿命

① 马克思，恩格斯．马克思恩格斯文集：第1卷［M］．北京：人民出版社，2009:500.

② 同①502.

论思想，而是特别强调人的主体能动性。这种能动性并不只是表现在人的“思维”方面，更是表现在“改造世界”的创造活动方面。马克思在《1844年经济学哲学手稿》中就已经指出过，人不同于动物的地方在于，动物的生产是片面的，而人的生产是“全面的”，他可以在任何一种尺度上进行生产。不仅能进行“物质生产”，而且可以进行“美的创造”。这说明，马克思在《关于费尔巴哈的提纲》完成前就已经重视人的“感性活动”的重要意义。

马克思的新的空间观是从理解具体的历史发展的前提开始的，所研究的对象不是“精神”或者“理性”，而是从事感性的生产活动的人。这一起点和思辨唯心主义有着根本的不同。在《德意志意识形态》中，马克思进一步强调“对象性活动”（即生产活动）的重要意义。“历史”的第一个前提是有生命的个体的存在①，而要维持这些“有生命的存在”，需要进行感性的对象性的生产，其中首要的是“物质生产”。

马克思所建构的这种全新的“空间观”不是在上帝的“神圣智慧”光照下展开的，而是从人的辛劳的“求生存”的物质生产活动中生长出来的。如果把这种新的空间观比喻成一棵大树，那么，它的“树根”是物质生产，“树干”是人的生产（繁殖），“树枝”是社会关系的生产，“树叶”和“花朵”则是科学、艺术和精神的生产。正是人们所从事的“全面的生产”活动才塑造了一个完整的社会。

和过去的哲学家从“精神”出发理解社会不同，马克思所理解的社会是一个建立在“物质生产”基础之上的“有机体”。通过经验的观察，我们可以揭示出社会结构和人们的生产活动之间的联系，那种思辨的和神秘主义的方式对于科学的理解毫无益处。要认识“社会结构”和“国家”的形成，需要通过联系个人的“实际生活过程”去理解。社会结构和国家产生于一定的个人生活过程，而个人又在进行生产活动中发生一定的“社会关系”，因此，应该根据经验的观察去揭示社会结构和生产活动之间的联系，而不应该用神秘主义或思辨的方式去解释。②

① 马克思，恩格斯．马克思恩格斯文集：第1卷［M］．北京：人民出版社，2009:519.

② 同①523-524.

对社会结构和生产活动之间的联系进行解释并不意味着否定“精神”的作用，更不意味着否定那些具有个性的人，它只是在解释这个“必然王国”之所以形成的条件和内部结构，并且揭示各个因素之间的相互作用和相互联系。因为只有这样，才能说“如其所是”地理解了自然和社会。“精神”和“意识”是人类文明的重要形式，但是它们的产生却离不开物质生产活动这个过程的影响。重要的是要认识到，它们并不是脱离物质生产活动独立形成的，而且离开物质生产，也就没有由精神和意识所创造的哲学和文化。思辨唯心主义者的错误在于，他们“颠倒”了物质和精神的位置，并且由此形成了一种错误的、“颠倒了的空间观”。从事物质生产和交往的人们在改变自身生存的“现实”的同时，也在改变着自己的“思维”。生活决定意识。①要注意，这里的“生活”是指物质生产活动，而不是广义的生活概念。马克思是在描述“必然王国”中的不以人的意志为转移的“现实”，强调物质生活对于人类发展的基础意义。

如何认识我们生活于其中的“周围世界”是马克思新空间观的重要内容。思辨唯心主义者看重的是“精神”或“理性”，他们把“周围世界”放在一种惰性的、被动的、尘世中的僵死物质的意义上去理解。马克思则对人们置身于其中的周围的感性世界赋予了生动的内涵。他认为，“周围世界”是历代人们“实践活动”的结果，并不是“始终如一的东西”，每一代都依靠先前的基础发展他们的“工业”和“交往”，并且根据发展的需要而改变他们的制度。②但是，在唯心主义历史观中，历史往往被扭曲，仿佛后一段历史时期是前一段历史的目的。总而言之，唯物史观所理解的“周围世界”是实践活动的结果，人们的感性实践活动（农业、工业、商业贸易、交往等）塑造了这个我们生活于其中的“周围世界”，而在这个世界生活的、处在不同状况的人们又产生了不同的“意识”。

这种新的空间观从“物质生产”出发解释“现实生活”的“生产”和“再生产”，它把与这种生产相联系的“社会关系”理解为历史发展的基础，以此为基础进一步解释所产生的不同的“意识形式”。更重要的是，马克思建构的这种空间观，把“矛盾”理解为社会历史发展的根本内容。“生产力”和“交往形式”

---

① 马克思，恩格斯．马克思恩格斯文集：第 1 卷［M］．北京：人民出版社，2009:525.

② 同①528.

（马克思后来使用“生产关系”取代了这一概念）的矛盾是造成社会革命的深层次原因，从这种矛盾的发展中还可以观察到意识形态的、思想的和政治的斗争。[①] 在马克思看来，所有历史冲突都来自“生产力”和“交往形式”（生产关系）之间的矛盾。[②]这种新的空间观是从社会的“内在矛盾”角度理解国家和市民社会的发展，它不同于思辨唯心主义仅仅从“概念”自身的“神秘”运动的角度理解社会。

三、新空间观建立的哲学意义

从《德意志意识形态》开始，马克思已经建立起一种全新的、不同于“思辨唯心主义”和各种“神秘主义”的空间观。这种全新的空间观完全从科学的角度理解社会历史的发展，过去那种对社会的神秘化解释被彻底打破了。

辩证唯物主义空间观从生产实践出发解释人类社会的生成过程，从社会“内在矛盾”出发解释“市民社会”及其制度，解释“精神”和“意识”以及由此产生的哲学、文化等。这样，就像医生正确地认识了人体一样，新哲学也实事求是地认识了“社会有机体”及其结构的形成和发展。

新空间观的建立极大地提升了人们对社会的认识。历史唯物主义哲学的产生，无疑是启蒙运动以来在社会科学领域所取得的最大的认识论成就。自此之后，凡是对辩证唯物主义空间观有所认识的人，都开始以新的眼光看世界，以新的价值观塑造世界。它克服了“蒙昧主义”哲学对人民群众的束缚，为人民群众自身的“启蒙”和“解放”提供了理论上的支持。

对于社会有机体的正确认识和理解，是解决和治疗社会疾病的前提。传统哲学只是从某个角度片面地认识社会和个人的发展，对社会有机体的认识则是不全面的。也许有些哲学对于深刻认识某种因素的社会作用有一定意义，但是，片面地解释社会仍然会对社会实践造成严重的误导，无助于社会的进步和社会问题的

① 马克思，恩格斯．马克思恩格斯文集：第 1 卷［M］．北京：人民出版社，2009:567.

② 同①567-568.

解决。例如，黑格尔过度强调精神的作用，叔本华过多强调意志的作用，都是这种片面理解的典型。

新空间观的建立为反抗那种剥削、压迫人民的旧制度，打破那种奴役和“异化的空间”的束缚，建立一种人人平等、互助和谐的社会创造了理论上的前提。这种新空间观肯定了“人民群众”在社会生产中的地位和价值，让人们认识到了自身对于创造历史的力量。它打破了那种少数“英雄人物”创造历史的观点的统治，消解了统治阶级的意识形态所产生的负面作用，建立了有利于民主和科学发展的空间观。

在这种新空间观的影响下，一种以科学为基础的、有助于人民解放的“社会空间”第一次有可能建立起来，作为一种“可能性”的社会主义新空间在理论上具有了扎实的基础。尽管科学社会主义的理论尚没有完全形成，但是毫无疑问，它已经为这种理论做了奠基，成为科学社会主义新空间诞生的起点。

第八章

马克思唯物主义空间观的基本完成

如果说在《德意志意识形态》中，马克思的新空间观已经基本建立起来，那么，《共产党宣言》的发表就标志着马克思辩证唯物主义新空间观已经基本完成。在《德意志意识形态》中虽然已经形成了崭新空间观的基本结构，但是很多表述还不够成熟。例如，有关“生产关系”概念的表述使用了“交往形式”的概念，显然还不够具体和准确；对阶级斗争在历史上的作用等问题的认识还不够深刻等。

一、资本主义空间

在《共产党宣言》中，马克思分析了世界发生的新变化，描绘出一幅生动的资本主义“空间图景”。新大陆和新航路的发现，对新殖民地的占领，为资产阶级的发财致富提供了广阔的空间。对世界性地理空间变化的描述勾画了资本主义发展得以展开的场所。资本主义贸易的发财致富冲动使得地理空间不断被打破，整个世界越来越成为商品销售的市场。这些新的变化使得封建社会内部发生急剧变化，“革命因素”也迅速发展。[①]

---

① 马克思，恩格斯．马克思恩格斯文集：第 2 卷［M］．北京：人民出版社，2009:32.

随着市场不断扩大，技术也不断进步，工业革命的出现极大促进了生产力的发展。“现代大工业”代替了传统的工场手工业，商品生产大量增加，同时随着地理大发现和新航路的开辟，商品的销售建立起广阔的“世界市场”，世界市场又促进了商业、航海业以及交通等领域的发展。这些因素相互影响、相互促进，同时也造成了资产阶级的发展，资本家的财富也大幅增加了。

马克思充分肯定了资产阶级在历史上曾经发挥过的“革命”作用。资产阶级破坏了封建的、宗法的、田园诗般的关系，把这种传统的关系变成了赤裸裸的“金钱关系”。它把一切都变成了“交换价值”，用“公开的剥削”代替了由宗教和政治幻想掩盖的剥削。[①]资产阶级把那些向来让人崇敬的职业——如医生、律师、学者等——变成了它的“雇佣劳动者”，把家庭关系也变成了纯粹的“金钱关系”。

资产阶级破坏了旧世界，建立了一个以发财致富为目的的“利己主义世界”。这个新世界的特征是不断变化，似乎不再有永恒的东西。一切都被资本主义的生产关系改变了颜色。过去那些僵化的、陈旧的等级关系以及与之相适应的、曾经被奉为神圣的观念逐渐被消除了。[②]

资产阶级建立起来的“世界市场”把世界各个民族都纳入进来，它摧毁了古老民族的“工业基础”，而且打破了各个民族闭关自守的状态，使得它们之间有更多的相互影响。原来各民族自给自足的产品，现在都变成“世界性”的了，甚至那些“精神文化产品”也变成了世界人民的“公共财产”。[③]

资产阶级的革命性在于，通过廉价的商品、便利的交通和新技术的使用，把世界上各个民族的文明都纳入到它的体系中来。它摧毁了过去由于语言障碍、地理障碍等因素所导致的各个民族之间的阻隔，迫使其他文明采纳它的生产方式和生活方式，这样事实上造成了整个世界在空间上的“一体化”，促进了各种文明之间的交流与融合。资产阶级迫使一切民族采用它的生产方式，并且按照它的面貌创造出一个“新世界”。[④]

---

① 马克思，恩格斯．马克思恩格斯文集：第 2 卷［M］．北京：人民出版社，2009:34.

② 同①34-35.

③ 同①35.

④ 同①35-36.

资产阶级创造出巨大的“城市空间”，它使农村屈服于“城市的统治”。大量农村人口离开乡村进入城市，使他们摆脱了由交通不便造成的封闭状态，城市人口越来越多于农村人口，它最终使城市战胜了乡村，后者依附于前者。换句话说，人造的“城市空间”战胜了自给自足的“自然空间”。不仅如此，它还造成了其他未开化和半开化的国家从属于“文明”的国家，“农民的民族”从属于“资产阶级的民族”，东方从属于西方。①

资本主义生产方式打破了各个民族的“分散状态”，建立了巨大的城市空间，使人口、财富、文化、政治等方面越来越集中。它所造成的生产力的巨大进步也让人惊叹。正如马克思所说的那样，资产阶级对自然力的征服、新机器的采用、化学的广泛应用、铁路的通行、大陆的开垦等一切成就，促进了生产力的发展。“资产阶级在它不到一百年的阶级统治中所创造的生产力，比过去一切世代所创造的全部生产力还要多，还要大。”②

以上这些方面都是资产阶级生产方式在过去所带来的巨大改变，它所表现出的对旧的生活空间的破坏以及对世界新的“空间”塑造，其革命性是惊人的。

但是，由资本主义生产方式所塑造的空间并不是完美无缺的，它也存在着难以克服的“内在矛盾”和严重“危机”。资本主义周期爆发的危机所表现出的对生产力的巨大破坏表明，这种生产关系已经成为生产力发展的“障碍”，它对旧的生产关系的革命现在对准了它自己。当发生危机时，整个社会像出现了一场瘟疫，生产严重过剩，一夜之间回到了野蛮状态，“仿佛是一次饥荒、一场普遍的毁灭性战争，使社会失去了全部生活资料；仿佛是工业和商业全被毁灭了”③。

由此可见，资产阶级创造了巨大的以“城市空间”为主的社会财富，但是它破坏这种财富和生产力的速度也和它创造时一样迅速。“资本主义生产方式”成为自身继续前进的障碍和束缚，以至于必须打破这种束缚才能保住生产力发展的成果。

---

① 马克思，恩格斯．马克思恩格斯文集：第 2 卷［M］．北京：人民出版社，2009:36.

② 同①36.

③ 同①37.

二、空间变迁的内在本质和内在矛盾

资产阶级创造的这种空间相对于封建社会的空间来说是一次巨大的进步，它创造出的世界市场让各个国家越来越一体化，打破了地理空间的阻隔，促进了各个民族之间的交往和融合。但是，资本主义生产空间并不是一片祥和，而是伴随着危机发展起来的。社会和经济危机爆发所造成的破坏使得过去创造的生产力往往元气大伤，甚至毁于一旦，资本主义在创造空间的同时也在破坏着空间。这是一种奢侈和浪费的生产方式，一种反自然的、竭泽而渔的生产方式，一种为一小撮人发财致富的目的而陷入疯狂的生产方式。

在这个空间变迁的巨大变化中，究竟是什么原因导致这些现象的发生？如何理解资产阶级突破封建社会制度的革命性转变以及资本主义自身出现的危机？

马克思认为，资产阶级一开始是在封建社会制度的条件下发展生产力的。随着生产力的增长，整个社会原有的政治、经济、文化等制度已经无法和这种越来越发达的生产力相适应。封建所有制关系已经不再适应由已经发展的生产力带来的改变，反而成为“限制”生产力发展的“桎梏”。于是，资产阶级要求炸毁这个旧体制，世界各国先后发生了资产阶级革命。这场革命以资产阶级的胜利和封建贵族阶级的失败而结束。①

马克思在解释资产阶级革命发生的主要原因时，从揭示“社会实践”和“内在矛盾”出发，创造性地提出了“生产力”和“生产关系”的矛盾，他用这对矛盾的相互适应状况解释资产阶级所领导的这场巨大“空间革命”的“动因”，科学地说明了社会革命的“根本原因”。这一点不仅超越了传统哲学用“精神”（黑格尔）或“意志”（叔本华）解释社会变迁的观点，也超越了资产阶级和小资产阶级经济学家狭隘的“非历史”的观点。

在写作《共产党宣言》之前，马克思已经批判了那种认为封建社会制度“永恒”（黑格尔）和资产阶级制度“永恒”（亚当·斯密）的观点，也批判了用凝

---

① 马克思，恩格斯．马克思恩格斯文集：第 2 卷［M］．北京：人民出版社，2009:36.

固的“概念”“形而上学”地解释社会的法国经济学家蒲鲁东先生。黑格尔站在他的上帝的“神圣智慧”意义上的“精神”“救世”视角美化封建社会制度，亚当·斯密和李嘉图则只是思考如何增加社会财富而看不到那些失业的劳动者所处的艰难处境，把资本主义生产关系看作是“天然”和“永恒”的关系。

马克思所重点批判的蒲鲁东，他的错误在于“形而上学”地解释社会的结构及其变化，而不理解“生产关系”和商品一样也是被生产出来的。当原来的所有制关系内出现了新的生产力，随之也会引起生产方式以及原有一切社会关系的改变，以适应新的生产力的要求。①蒲鲁东不了解这一点，最后得出了反对工人阶级联合起来争取提高工资这样的荒谬结论。

马克思指出，人们在一定生产力水平下建立相应的“社会关系”，也是在这些社会关系下创造了自己的“原理”、“观念”和“范畴”。生产力的增长、社会关系的破坏、观念的形成，这些都是在不断运动变化的。观念、范畴和社会关系一样也不是永恒的，它们都是“历史的、暂时的产物”。蒲鲁东不理解这一点，用凝固的理性的“形而上学方法”想象社会，造成他无法理解“现实”本身。②

至于亚当·斯密和李嘉图这些古典经济学家，马克思认为他们处在一个特殊的时期，即资产阶级要摆脱封建制度的束缚的时期，因此，他们过多地强调了市场和增加社会财富的重要性，没有看到“资本主义生产关系”本身也不是永恒不变的。“亚当·斯密和李嘉图这样的经济学家是这一时代的历史学家，他们的使命只是表明在资产阶级生产关系下如何获得财富，只是将这些关系表述为范畴、规律并证明这些规律、范畴比封建社会的规律和范畴更有利于财富的生产。在他们看来，贫困只不过是每一次分娩时的阵痛，无论是自然界和工业都要经历这种情况。”③由此可以看出，古典经济学家努力证明“资产阶级生产关系”的“进步性”，对劳动者“贫困”的生存状况则没有给予足够重视，他们只是认为这是偶然的、可以忽略的状况。和古典经济学家不同，马克思始终重点关注劳动者的生存状况，并思考如何改变劳动者的悲惨命运。

---

① 马克思，恩格斯．马克思恩格斯文集：第1卷［M］．北京：人民出版社，2009:602.

② 同①602.

③ 同①615.

在《共产党宣言》中，马克思更加明确地揭示了“社会空间运动”的本质和内在矛盾。他认为资产阶级在封建社会制度下发展出的巨大生产力，使得原有的封建生产关系已经不能适应。资产阶级革命是一场“炸毁”原有“生产关系”束缚的革命。但是现在，周期发生的经济危机所带来的生产力的巨大破坏以及对劳动者阶级的巨大伤害表明，资产阶级生产关系也已经不适应生产力的发展要求，这种生产关系已经太狭窄了，再也容纳不了它本身所造成的财富①，需要再次被炸毁。

马克思认为，资产阶级应对所产生的“危机”的办法主要是两个，一个就是大量消灭生产力，另一个是不断扩大新市场、利用旧市场。他认为这些办法并不能彻底解决资本主义经济危机，而是使得危机的发生向后延缓，结果将发生更大范围、更猛烈的危机。与此同时，就像封建社会的生产关系创造了资产阶级一样，资本主义生产关系也创造出它的终结者——无产阶级。

三、塑造新空间的主导力量

在马克思看来，自从有阶级形成以后的历史都是阶级斗争的历史。在封建的所有制关系下，资产阶级造成了生产力的极大进步，它通过阶级斗争摧毁了封建社会的生产关系，成为塑造资本主义社会空间的力量，带来了时代的某种进步。

但是，这种进步也伴随着致命的缺陷。周期发生的经济危机所造成的巨大的生产力破坏以及现代产业工人的悲惨生活状态表明，资产阶级革命只是最终服务于资产阶级自身的发财致富；对于参与革命的普通工人来说，只是收获了贫困和来自资本更严重的剥削和奴役。经济危机发生以后，首当其冲受到伤害的是无产者，失业导致他们陷入赤贫状态，甚至有饿死的危险。大工业生产带来的生产力的巨大进步已经变成了服务于某个阶级的进步，而不是促进整个社会个人的发展。资产阶级的所有制关系变得“太狭窄了”，已经不能适应时代发展的要求，在这种生产关系下，生产力的发展反而受到了束缚甚至被严重破坏。马克思认

---

① 马克思，恩格斯．马克思恩格斯文集：第 2 卷［M］．北京：人民出版社，2009:37.

为，几十年来工业和商业的历史所表现出的就是现代生产力反抗现代生产关系和资产阶级所有制关系的历史。[①]资产阶级按照自己的意愿创造出一个世界，但却为无产者创造出赤贫。固然，有些无产者的生活也在生产中获得某种改善，但是就整个阶级而言，仍然没有根本摆脱被奴役、被伤害的命运。

在现代大工业生产条件下，由资本主义生产关系塑造的“生产空间”所表现出的非人道特征也越来越明显，劳动阶级的生存状况十分窘迫。现代工厂制度所表现出的“压榨性”特征让现代工人的生活变成一种仅仅维持肉体生存的奴役式劳动，不得不零星出卖自己的工人也成了“商品”，他们不得不受到市场竞争的影响，只有在找到工作的时候才能维持自己的生存。[②]工人阶级要改变自己的命运，必须亲自领导一场新的“革命”，摧毁“资本主义的所有制关系”，代之以能够充分维护自身利益的新型的关系。

塑造新型“共产主义空间”的主导力量只能是现代产业工人——“无产阶级”。他们在资本主义所有制下的命运最艰苦，也最没有保障。他们最能体会到作为商品，作为机器的一个附属部分的“生存感觉”。在这种感觉中，只是“肉体”在机械地操作，他的身体必须跟得上机器的节奏，他必须和机器一起有规律地“运动”。在机器的轰鸣声中为资产阶级的发财致富而劳动，这些现代工人已经失去了自己的“灵魂”，他们只是为了“肉体”的生存而工作，毋宁说他们的“灵魂”附属于机器的灵魂，“机器”才是他们真正的“灵魂”。工人不仅在劳动中变成机器的附属品，而且工资收入仅仅是保持他的肉体得以延续的手段。他所要做的只是非常简单又极其单调的操作，资产阶级花在他们身上的费用，只不过是他们维持日常生活以及延续后代所必需的生活资料。[③]

工人在同资产阶级的斗争中逐渐实现一种广泛的“联合”。这种“联合”一开始是小范围的、被动的，随着工业无产者队伍的壮大，这种“联合”就变成更大范围的、为了保卫工资而主动组织成的同盟。有些地方同资产阶级的斗争甚至爆发为起义。斗争取得的胜利只是暂时的、次要的，最重要的成果则是越来越扩

---

① 马克思，恩格斯．马克思恩格斯文集：第 2 卷［M］．北京：人民出版社，2009:37.

② 同①38.

③ 同①38.

大的“联合”。这种联合因为越来越发达的交通工具而把各地工人联系起来，使得地方性的斗争变成全国性的斗争。这种联合起来的斗争成为“阶级斗争”，而一切阶级斗争都是政治斗争。[①]无产者组织成为“阶级”和“政党”的联合的努力不断地遭到各种破坏，但是结果是形成更有力、更大范围的联合，并且取得了一定范围的胜利。例如，英国工人经过几十年的努力，取得十小时工作日法案的通过。

“无产阶级”之所以能够成为塑造新的社会空间的主导力量，是因为在所有和资产阶级对立的阶级中，只有无产阶级才是真正革命的阶级。因为“现代雇佣工人”是大工业的产物，随着工业的发展而壮大，遭受的苦难和压迫最深重，反抗也最坚决。其他的阶级在大工业阶段都逐渐走向没落了，也有阶级为了维护自己过去所有的利益，甚至会走向反动。他们过去在统治时期，总是维护自己本阶级的利益，损害其他阶级尤其是劳动阶级的利益。无产阶级和他们不同，他们没有自己特殊的利益需要保护，因为本来就一无所有。

无产阶级要建立不同于资本主义的共产主义新空间，就必须摧毁传统的旧空间。无产者必须废除过去那种私有化的“占有”方式，才能重新“占有”社会生产力，为新的社会空间的建构服务。过去的一切运动都是“少数人”的，无产阶级的运动则是绝大多数人的，也是为“大多数人”谋利益的运动。[②]

因为大工业的发展，由无产者的广泛联合组成“阶级”和“政党”是不可避免的趋势。共产党的组织是在无产阶级和资产阶级的斗争中出现的，“共产党人强调和坚持整个无产阶级共同的、不分民族的利益”，并且“始终代表整个运动的利益”[③]。工人阶级中的大多数往往受到繁重工作的影响，并不能完全明白自身的地位以及怎样维护自身的利益。“共产党人”在理论上胜过无产阶级的地方在于，他们明白“无产阶级运动的条件、进程和一般结果”[④]。也就是说，他们往往在理论上更清楚无产阶级实现自身解放的条件和可能性，并且在实践上推动

---

① 马克思，恩格斯．马克思恩格斯文集：第 2 卷［M］．北京：人民出版社，2009:40.

② 同①42.

③ 同①41.

④ 同①44.

这种可能性的实现。

在摧毁那种束缚人、压迫人的旧空间，塑造自由而平等的“新空间”的过程中，共产党人始终站在无产阶级一边。他们没有自己独立的“利益”，而是以无产阶级的利益为自己的利益。他们的目的和无产阶级完全是一致的，“共产党人”是整个运动的“头脑”和“灵魂”，“无产阶级”则是实现整个运动的目的的有力“身体”，只有两者的结合才能真正实现无产阶级解放运动的最终目标。共产党人的目的就是使无产阶级形成“阶级”，推翻资产阶级的统治而掌握国家政权。①共产党人和无产阶级的结合是塑造“共产主义新空间”的主导力量。

四、共产主义：一种希望的新空间

共产党人和无产阶级所要建立的空间是一种完全不同于资产阶级“占有式”和“掠夺式”空间的完全新型的空间。这种空间是一种以共享发展成果、互助、团结，保护自然和人的基本生存权、发展权为主要特征的崭新的空间。这种全新的空间就是共产主义空间。

资本主义的空间是建立在彻底的私有化基础上的“剥削性空间”，它的存在以占有他人的剩余劳动以及对自然空间的“全面占有”为前提。资产阶级所有制关系导致社会财富越来越聚集在极少数人手里，造成了有史以来最大程度的不平等。一边是惊人的财富的增长，一边是劳动者的普遍的贫困甚至赤贫。现代产业工人所从事的辛苦的劳动，往往只能维持他本人以及整个家庭的日常开支，也就是只能维持他们作为人的基本生理需求。资本主义空间虽然提高了生产力，但仍然是一种“剥削形态的空间”，和过去的阶级社会没有本质不同，甚至造成的不平等的程度反而加大了。

共产主义就是要克服由资产阶级所有制关系建构的这种“占有式”和“掠夺式”的空间。马克思曾先后多次谈论过自己对共产主义的理解，从他的解释中不难看出，共产主义是一种充满希望的新空间。

---

① 马克思，恩格斯．马克思恩格斯文集：第2卷［M］．北京：人民出版社，2009:44.

在《1844年经济学哲学手稿》中，马克思批评了平均主义意义上的粗陋的共产主义，和仅仅是对国家的简单废除的政治意义上的共产主义。他所理解的共产主义具有“经济的性质”，是对私有财产的积极扬弃，是在以往发展的全部财富的范围内对“合乎人性的人”的复归。[①]未来的共产主义空间是这样一种社会空间：自然界和人完成了本质的统一，是“自然界”的真正“复活”，也是人实现了的“自然主义”和自然界实现了的“人道主义”[②]。总之，它是一种更加合乎人性、更有利于人的发展的“社会空间”。

在《德意志意识形态》中，马克思所理解的共产主义是一种“世界历史性存在”，即不是偶然在世界某个地方发生的，而是建立在产生它的历史条件已经具备的时候。“共产主义”与其说是一种理想，不如说是一场变革世界的、为实现人的解放而展开的“历史性运动”。共产主义不是某个遥远的静止状态的理想，而是消灭现存状况的变革的运动。[③] 正如无产阶级只有在世界历史意义上才能存在，共产主义也只有作为“世界历史性的存在”才有可能成为现实。[④]由此看来，共产主义运动只有当产生它的历史条件已经具备的时候才有实现的可能。也就是，当生产力发展到一定阶段的时候，尤其当无产阶级的力量已经壮大到一定程度，共产主义才会成为一种“世界历史性存在”，这种运动才是顺应时代要求，无产阶级解放自身所必然选择的道路。

在《德意志意识形态》中，马克思已经认识到，和过去所有的反抗运动不同，共产主义将推翻一切旧的生产关系和交往关系的基础，让那些前人创造的、历史上自发的前提受到“联合起来的个人”的支配。在他看来，共产主义不是脱离实际的空想，而是具有“经济性质”，要为这种“联合”的生产方式创造物质条件，“把现存的条件变成联合的条件”[⑤]。扬弃私有制，推翻旧的生产关系，实现无产阶级的“联合”，建立一种全新的生产关系的基础，这样具有经济性质的革新才能为共

① 马克思，恩格斯.马克思恩格斯文集：第1卷［M］.北京：人民出版社，2009:185.

② 同①187.

③ 同①539.

④ 同①539.

⑤ 同①574.

产主义的实现创造条件。不应当仅仅停留在经济“自发”的水平上，而应该主动通过“革命的行动”实现“联合”，并且创造物质条件促进这种联合。

在《共产党宣言》中，马克思进一步明确地说明了“共产主义运动”是一种扬弃私有制的实践。“共产党人可以把自己的理论概括为一句话：消灭私有制。”[①]马克思认为，“雇佣劳动”并不是为工人自身创造出“财富”，而是创造出剥削雇佣工人的“资本”。“消灭私有制”并不是消灭个人对“用于生活需要的产品”的“占有”，而是消灭这种“占有”的可怜性质，消灭资本通过雇佣劳动剥削他人的权力。“共产主义并不剥夺任何人占有社会产品的权力，它只剥夺利用这种占有去奴役他人劳动的权力。”[②]由此可以看出，马克思强调无产阶级的联合，不仅联合达到执政的目的，而且联合起来进行生产，以使这种生产服务于“社会个人的发展”，而不是仅仅服务于资本家的发财致富，服务于资本自身的“增殖”。如果整个社会仍然受到资产阶级所有制关系的统治，结果必然是资产阶级的统治，社会仍然停留在资本主义的状态，在这种状态下也许会有改良，但是社会的整体性质没有根本改变。

“共产主义”是完全不同于资本主义社会的新的社会空间，它不同于资本主义的主要特征是：无产阶级专政、生产资料的公有制、联合起来的个人和生产。在资产阶级社会，“活的劳动”只是“资本增殖”的手段。在共产主义社会，“资本”只是“扩大、丰富和提高工人的生活”的手段。[③]这是两种完全不同性质的社会，生产的目的不同，发展的道路不同。一种是“服务于资本”，结果是资本权力的不断增大；一种是“服务于社会个人的发展”，结果是人的全面发展与真正的平等的实现。

马克思要建立的新的社会空间，是一个克服了资本主义两极分化的平等和民主的“空间”。就像资本主义取消了封建贵族特权，打破了封建社会的“等级制空间”一样，共产主义则试图取消大资产阶级由于资本积累而形成的新的剥削他人的“特权”，变“资产阶级的统治”为无产阶级专政下的“自组织管理”意义

① 马克思，恩格斯．马克思恩格斯文集：第 2 卷［M］．北京：人民出版社，2009:45.

② 同①47.

③ 马克思，恩格斯．马克思恩格斯文集：第 1 卷［M］．北京：人民出版社，2009:46.

上的“统治”。当然，这是一种基于现代生产力“效率”的前提之下的自组织管理。没有这种效率，马克思认为整个社会只能重新倒退回前资本主义的为争夺生活必需品而斗争的阶段。因此，“发展生产力”仍然是共产主义社会中的重要任务，个人的发展与生产力的发展是完全一致的。

但是，毫无疑问，共产主义不会为了效率而倒退回资产阶级所有制的旧阶段，而是坚决改变所有制关系，只有这样才能实现“资本主义空间”向“共产主义空间”的转变。“共产主义革命”就是同传统的所有制关系彻底决裂，不仅如此，它同时要与传统的观念进行最彻底的决裂。[①]在完成所有制关系的根本改变之后，也许会遇到一些问题，但是它的方向是正确的，不能因为遇到一些困难就重新走回头路，而是应当创造性地解决前进中的困难，不能以出现的困难去否定共产主义道路。

资本主义制度将是人类历史上最后一个剥削性质的社会，“共产主义”只有根本改变“资产阶级的所有制关系”，实现广泛的个人的“联合”，才能使强大的社会生产力为个人的发展创造条件。“代替那存在着阶级和阶级对立的资产阶级旧社会的，将是这样一个联合体，在那里，每个人的自由发展是一切人的自由发展的条件。”[②]共产主义空间是一个“劳动者的联合体”（或自由人的联合体），它并不否定对财富的占有，而是反对资本主义的一小撮人对社会财富“独有”的占有方式，主张实现每个人对社会财富更加平等的“占有”。它并不否定拥有合理合法的个人财产对个人发展的重要性，而是强调更加广泛的人民群众对社会财富的“占有”，强调在“联合”条件下的“合乎人性的”的生产方式。

---

① 马克思，恩格斯．马克思恩格斯文集：第 2 卷［M］．北京：人民出版社，2009:52.

② 同①53.

第九章

辩证空间：马克思对空间理解的进一步深化

马克思所理解的空间不是仅仅在直观意义上看到的空间，而是具有丰富内容的辩证空间。仅仅停留在“物”的意义上所看到的空间还是表象，只有深入剖析资本主义生产过程，才能真正理解马克思的辩证空间观。

一、对空间理解的方法论提升

在面对“现实”的时候，如何理解它始终是马克思思考的一个重要问题。在《关于费尔巴哈的提纲》中，马克思曾经明确地提出从实践和主体的角度理解“现实”，认为一切神秘主义的东西都可以在“实践”中获得解决。由此，他把唯物主义贯彻到对现实和历史的理解中去，并且从“内在矛盾”的角度对“现实”和历史进行深刻的阐释，强调在理解的过程中重视现实的经济基础对“精神”“意识”“观念”等的决定性作用。

在《1857—1858年经济学手稿》的“导言”中，马克思再次提出了对“现实”的理解问题，即如何理解“具体总体”的问题。他认为，对“资产阶级社会空间”的研究面对的是一个复杂“总体”，是一个“矛盾的综合体”。从“直观的东西”入手不仅无法理解这个“总体”，而且还可能误入歧途。他明确地提出了用“从抽象上升到具体”的方法理解“现实”本身。这种方法是对黑格尔辩证法的进一步深化和发展。“抽象”并不是脱离直观和感性事物的理性的任意杜撰，而是建立在对“直观”和“感性事物”的观察前提下的更完整的概括。只有从这种概括出发才能达到真实的“思维的具体”，达到对“现实”的本质认识。

怎样理解这种“从抽象上升到具体”的方法呢？

马克思区分了两条道路，非常清楚地说明了这个问题。第一条道路是“从实在和具体开始，从现实的前提开始”，例如，从人口开始就是如此。马克思认为这条道路貌似正确，实际上却是错误的。如果不联系构成人口的“阶级”去理解，“人口”就是一个内容非常贫乏的“抽象”。进一步说，如果不理解“雇佣劳动”“资本”等，又无法理解“阶级”。因此，这条道路是错误的道路，最后还是要走回头路。马克思认为，这条道路是早期的经济学家所走过的路。[①]言下之意，他认为从人口等这些貌似具体的东西出发，最后达到的是一些抽象的关系，要真正理解资本主义社会的“人口”，应该从构成“人口”的复杂的“社会关系的统一体”出发进行研究，而不是相反。也就是，从过去的经济学家的工作结束的地方开始，而不是重复以前经济学家的老路。

第二条道路是他认为唯一正确的道路，即从一种“对具体的抽象”而不是从“对感性具体的直观”出发。后者还是认识的初级阶段，而前者才是认识所能达到的高级阶段。在《关于费尔巴哈的提纲》中，马克思已经批评了“直观唯物主义”的方法，认为它导致费尔巴哈不能深刻地认识“社会现实”。在《1857—1858年经济学手稿》的导言中，马克思再次批评了那种从一种“可以直观到的具体”出发研究社会的方法，认为应该从思维对现实的合理抽象出发理解“具体”。“具体之所以具体，因为它是许多规定的综合，因而是多样性的统一。”[②]也就是说，要想理解资本主义社会空间，就必须直接面对这种作为“多样性的统一”的“具体”，去分析这种“具体”，理解这种“具体”。要达到对这种资本主义社会空间的“具体”的理解，必须对“现实”本身进行一定的抽象概括。

所谓“从抽象上升到具体”的方法，实际上就是“思维”再现“具体”的方法。黑格尔也试图在思维中把握具体，但是马克思认为他陷入了一种幻觉，即不

① 马克思，恩格斯．马克思恩格斯全集：第 30 卷［M］.2 版．北京：人民出版社，1995:41-42.

② 同①42.

是把“思维”理解为“对具体实在的再现”，而是“把实在理解为自我综合、自我深化和自我运动的思维的结果”①。在马克思看来，“抽象”是对“现实”本身的抽象，如果不对现实进行抽象，就无法描述现实的复杂的运动，就会停留在肤浅的对表象的道德批判。“从抽象上升到具体的方法，只是思维用来掌握具体、把它当作一个精神上的具体再现出来的方式。”②也就是说，这种方法是对社会中的具体实在本身的“摹写”和“再现”，而不是用思维去臆造某种“虚假的具体”，去冒充具体和现实。

通过这种方法所达到的“具体总体”是一种“思维的具体”，是思维和理解的结果，但它们是把直观和表象加工之后形成的“具体”，而不是凌驾于直观和表象之上的概念的产物。“思想的总体”所表现的不过是建立在对直观和表象的再现基础上的一种头脑中的“综合”，它形成一种思想的整体，是外部世界在头脑中的反映。③

在《1857—1858年经济学手稿》导言中，马克思事实上肯定了一种和在《德意志意识形态》中不同的研究方法，即对现实的抽象。在《德意志意识形态》中，马克思对现实的理解主要是结合人的“感性活动”去理解“现实”本身，在那里他主要强调了“物质生产实践”作为历史发展的基础性作用。从“实践”的角度理解宏观的社会历史的发展似乎已经足够了，但是，当马克思面对资本主义社会，仅仅用“实践”去解释就难以说明资本主义所有制这种复杂现象。他必须对资本主义现实的某些方面进行高度抽象，用“矛盾”的分析法去辩证地解释，才能完整、准确地理解“资本主义社会空间”。例如，在对生产和劳动的理解中，马克思就说明了合理抽象的作用，并且运用辩证的方法理解与其他因素之间的关系。

“生产”是资本主义社会空间中的首要现象。马克思认为“物质生产”是首先摆在我们面前的需要理解的现象，一定的社会性质的生产是研究的出发点。“生产”总是由特殊的生产部门构成的，它同时又是一个总体，是“一定的社会体”在或广或窄的总体中活动着的。④因为生产具有某种共同规定，所以对不同

---

① 马克思，恩格斯．马克思恩格斯全集：第 30 卷［M］.2 版．北京：人民出版社，1995:42.

② 同①42.

③ 同①41-42.

④ 同①27.

时代的生产进行合理的抽象是必要的，只要这种抽象反映了不同生产的共同点。例如，“生产一般”是一个抽象，但是只要它能把共同点总结出来以免重复，那就是合理的。①

马克思对生产、分配、交换和消费这四者之间的关系的分析，也运用辩证的方法做了非常精彩的说明。

生产是“消费”，它表现为生产的“主体”（劳动者）和“客体”（生产资料）的双重的消费。“生产行为本身就它的一切要素来说也是消费行为。”②它是消费生产者和生产资料。而消费直接也是生产，例如人在吃喝的消费中同时也在生产自己的身体。生产和消费虽然直接是对立面，但是彼此又是实现自身的中介。③

马克思不仅把生产和消费看作是具有同一性的，更重要的是，生产是起“支配性作用”的要素。“生产是实际的起点，因而也是起支配作用的要素。消费，作为必需，本身就是生产活动的一个内在要素。”④

在理解生产与“分配”的关系时，马克思批评了李嘉图把分配而不是生产理解为现代经济学的本题。⑤他认为，在分配产品之前，是生产工具的分配和社会成员在各类产品之间的分配，这两种分配已经决定了生产的结构，后来的产品的分配只是前两种分配的结果。⑥生产有它得以展开的条件和前提，后者构成了生产的要素。在生产和分配这一对关系中，生产是具有“决定性”的要素。“分配”是由生产关系决定的，而这种生产关系又是和一定的生产力水平相适应而被该社会的统治阶级所维系的生产方式的必然要素。马克思认为，既然“消费”是生产的要素，“交换”作为生产和消费之间的中介，也同样是生产的要素，并且受到生产的决定。

关于生产和分配、交换、消费之间的关系，马克思并不认为它们是完全同一

---

① 马克思，恩格斯．马克思恩格斯全集：第30卷［M］.2版．北京：人民出版社，1995:26.

② 同①31.

③ 同①32.

④ 同①36.

⑤ 同①38.

⑥ 同①37.

的。它们的差别是“总体内部的差别”，它们表现为构成一个“总体”的各个环节。一定的生产决定一定的消费、分配和交换以及它们之间一定的关系，同时生产也受制于其他要素。[①]

“抽象劳动”概念的形成是一种进步，它是以发达的“总体”为前提的。马克思认为，最一般的抽象总是产生在最丰富的具体发展的场合，其中一种东西为许多东西所共有。只有用这种概念才能把握“总体”的真实的内容。

有各种形式的“劳动”，如农业劳动、工业劳动、商业劳动等，对于究竟哪种劳动创造“财富”或“价值”则有不同的观点。货币主义者认为“财富”存在于货币之中，重农主义者认为财富来自农业劳动，重工主义者认为财富来自工业劳动，重商主义者则认为劳动来自商业劳动。马克思认为，亚当·斯密向前推进了一步，认为就是“劳动”创造了“财富”，既可以是这种劳动，也可以是别的劳动，这就形成了“劳动一般”的抽象概念。

“抽象劳动”概念概括了所有特殊形式的劳动，它适用于一切时代，并且使得劳动成为一种“总体”劳动或者说社会总劳动概念。马克思认为只有在最现代的形式下，这种作为“总体”的“抽象劳动”才是真实的。

“抽象劳动”概念的形成对于进一步思考和分析“资产阶级社会空间”具有重要意义，从此以后，人们不必仅仅停留在特殊形式上思考劳动问题，而是可以在更加普遍的意义上进行思考。

“资产阶级社会空间”是一种发达的社会空间，要理解资产阶级社会空间，必须借助于看似抽象的范畴，因为特殊的范畴已经不足以思考资产阶级社会。理解资产阶级经济有助于理解古代社会的经济状况。马克思说，“人体解剖对于猴体解剖是一把钥匙”，对资产阶级经济的研究有利于认识古代经济。[②]对于资产阶级社会及其经济的分析有助于充分理解其社会空间和结构，同时也有助于理解古代社会的状况。

以上关于“生产”和“劳动”范畴的分析是想说明，为什么研究资产阶级社会空间需要“从抽象上升到具体”。“抽象”看似简单，但已经是对丰富“总

① 马克思，恩格斯．马克思恩格斯全集：第30卷［M］.2版．北京：人民出版社，1995:40.

② 同①47.

体”的高度概括，它蕴含着丰富的内容。正是在这个意义上，马克思强调，研究资产阶级社会不能从人口、地租或者土地所有制等因素开始，而必须从研究“资本”开始。因为“资本”是支配一切的经济权力，弄清了资本的秘密，也就理解了资本主义社会的本质内涵。所以，在马克思看来，“资本”必须成为研究的起点和终点。①

要理解资产阶级社会空间，就必须理解它的“生产”以及与之相关的“生产关系”。在过去所有的社会形式中，都存在着某种“生产”决定其他一切生产的地位，同时该种“生产关系”也决定着其他一切关系的状况。马克思把“资本”比喻为一种“普照的光”，认为它掩盖了一切其他色彩。②理解了资本的生产以及与其相关的生产关系，就把握到该“社会空间”的核心要素，而且，它还有助于理解过去的一切社会形式的生产和生产关系状况。

二、资本主义社会空间及其矛盾

资本主义带来生产力的巨大进步，这一点马克思已经在《共产党宣言》和之前的著作中非常详细地作出说明。巨大的商品堆积、大城市的崛起、技术的飞速进步以及随之产生的人口数量的膨胀等，这些变化深刻地改变着旧世界，摧毁了封建等级制度。它使乡村从属于城市，东方从属于西方，农业的民族从属于工业的民族。

但是，这些外部的空间变化常会使人产生一种错觉，好像资本主义社会形势一片大好，人类社会就此将进入永久的千年和平状态；好像财富将无止境地被创造出来，人们将会摆脱贫穷和野蛮状态，社会将会有能力解决过去由落后的生产力带来的一切问题，历史将会“终结”于资本主义阶段。很多资产阶级经济学家对此作出乐观的估计，并极力证明资本主义生产方式的合理性和资本主义生产关系的永恒性。他们采取的是一种非批判的态度，看不到资本主义社会本质层面的

---

① 马克思，恩格斯．马克思恩格斯全集：第 30 卷［M］.2 版．北京：人民出版社，1995:49.

② 同①48.

内涵。

马克思作为一个哲学家，运用具有批判性的辩证方法对“资本主义社会空间”所表现出的现象进行分析和解剖，他不是站在资产阶级立场上进行分析，而是站在人类发展的宏观视野上分析资本主义社会。因此，他能够以“动态”而不是静态的观点看问题，把资本和资本主义生产看作一个“过程”；不是被外在的“空间表象”所迷惑，而是重视分析生成空间的“内在因素”，即重视分析存在于密切关联的各因素之间的“矛盾”，并且从社会发展中总结出一些基本规律。这一点不仅和那些黑格尔主义者不同，而且区别于那些重视实证分析、为资本主义生产辩护的资产阶级经济学家。

黑格尔希望让哲学上升到“科学”，但是因为忽视了对意识发挥决定作用的“现实的基础”的研究，而终究停留在“理性形而上学”阶段。马克思在对资本主义社会空间进行分析时之所以能使哲学上升到科学，就是因为他继承了黑格尔的辩证法、古典经济学的社会唯物主义、传统哲学的人道主义价值观和社会主义运动中的正义理想。他对资本主义社会空间的分析，处处表现出在占有丰富经济学材料前提下对辩证分析方法的卓越运用，从而完成了对资本主义社会的深度理解。

对资本主义空间存在的问题进行批判，目的是实现“空间正义”。很多哲学家或经济学家往往集中在对资本主义社会存在的不平等的批判、对劳动人民物质生活方面所表现的贫困状态的同情，以及对资本家残酷剥削工人阶级的愤恨。青年马克思也曾经以“异化”批判的方式表达过他对工人阶级的同情。但这些批判还都停留在对表象的批判，只是对资本主义现象的道义上的谴责，包括今天不少西方马克思主义者对资本主义社会的批判往往也是如此。但是，真正科学地分析资本主义社会空间，则需要具有成熟的方法论基础。

在《资本论》及其手稿中，马克思已经掌握并运用了“从抽象上升到具体”的辩证分析方法对资本主义社会的形成史展开分析，它突出表现在对资本主义生产过程的分析中。

马克思对资本主义社会生产过程的分析是以肯定“劳动”的价值为前提的。正如在《德意志意识形态》中肯定“物质生产实践”是历史发展的基础，他在《资本论》中首先也肯定“劳动”对于资本主义生产的基础价值。“因为劳动是运动，所以时间是它的自然尺度。最原始的物物交换形式是以劳动作为商品实体和劳动时间作为商品尺度为前提的。”[①]“劳动是活的、造形的火；是物的易逝性，物的暂时性，这种易逝性和暂时性表现为这些物通过活的时间而被赋予形式。”[②]

马克思在分析劳动的时候区分了“对象化劳动”和“非对象化劳动”。“对象化劳动，即在空间上存在的劳动，也可以作为过去的劳动而同在时间上存在的劳动相对立。”[③]这里所说的“在时间上存在的劳动”就是指“非对象化劳动”，也就是表现在工人身上作为潜能的“活劳动”。“对象化劳动”可以有多种形态，它既可以是商品、资本，也可以是货币、机器、厂房等。资本主义生产过程主要就是“对象化劳动”和“非对象化劳动”相互交换和对抗的过程。马克思同样也提到了亚当·斯密对“生产性劳动”和“非生产性劳动”的区分，这个区分主要是以是否创造出“资本”来衡量。能够创造出更多资本的劳动是生产性的，否则就是非生产性的（例如由劳动者提供的日常劳务服务）。马克思主要考察的是能够为资本带来实际利益的“生产性劳动”。

资本主义生产过程是一个剩余价值的生产过程，它从一开始就决定了资本家和工人阶级在生产中的地位以及最终结果。资本主义社会像是一架庞大的“生产机器”，它建立工厂，采购机器和原材料，招聘工人，开足马力进行生产。在工商业中，劳动工人和原材料一样，就像这架巨大“生产机器”得以进行生产活动的“燃料”。只不过前者是活劳动的燃料，消耗的是工人的劳动时间和肉体，后者是对象化劳动的燃料，消耗的是自然界的物质资料。机器和原材料可以昼夜不知疲倦地工作，工人作为肉体却需要停下来休息，他们不能无限制地消耗自身。但是，为了创造出更多的剩余价值，资本家总是想方设法延长工人的劳动时间，采用昼夜轮班制度等方式以适应机器的节奏。由此可以看出，劳动，尤其是创造价值的劳动，是资本主义生产的基础。资本家总是想延长工人的劳动时间以获取剩余价值。“这种生产的全部基础就是作为交换价值并创造交换价值的劳

---

① 马克思，恩格斯．马克思恩格斯全集：第 30 卷［M］.2 版．北京：人民出版社，1995:157.

② 同①329.

③ 同①230.

动。”①

马克思认为，“资本”和“活劳动”的交换过程是一个不平等的交换过程。这个过程可以分解为在形式和本质上不同甚至相互对立的两个过程：

“（1）工人拿自己的商品，劳动，即作为商品同其他一切商品一样也有价格的使用价值，同资本出让给他的一定数额的交换价值，即一定数额的货币相交换。

“（2）资本家换来的劳动本身，这种劳动是创造价值的活动，是生产劳动；也就是说，资本家换来这样一种生产力，这种生产力使资本得以保存和倍增，从而变成了资本的生产力和再生产力，一种属于资本本身的力。”②

资本家在这个交换中得到的是使用价值，也就是对工人劳动的“支配权”。马克思认为第一个过程是交换过程，第二个过程则不属于交换过程，而是同交换对立的，通过占有工人的“剩余劳动”而创造“剩余价值”的过程。

固然，“劳动”只有和“资本”结合才能实现为一种活动，但是，在这个过程中，资本和劳动的交换是一种“不平等的交换”。劳动生产出资本这种社会权力，并且使资本的力量越来越强大，而劳动则变成资本在组织生产过程中的一个“附属于机器”的“要素”。从本质上说，资本主义生产过程就是对象化的“死劳动”压榨非对象化的“活劳动”并获得剩余价值的过程。“剩余价值总是超过等价物的价值。等价物，按其规定来说，只是价值同它自身的等同。所以，剩余价值决不会从等价物中产生；因而也不是起源于流通；它必须从资本的生产过程本身中产生。这种情况也可以表述如下：如果工人只需花费半个工作日就能生活一整天，那么，他要维持他作为工人的生存，就只需要劳动半天。后半个工作日是强制劳动；剩余劳动。”③

由资本主义生产过程塑造出“资本主义社会空间”，但是这个过程却是对劳动者的剥削过程。和奴隶社会相比，劳动者的自由也许有一点进步，那就是选择工作的自由。但是正因如此，当他年老体衰或者因疾病无法选择的时候，所陷入

① 马克思，恩格斯．马克思恩格斯全集：第30卷［M］.2版．北京：人民出版社，1995:400.

② 同①232.

③ 同①286.

的窘迫状态和奴隶的命运并没有本质不同。资本主义社会空间正是依靠“吸收”工人的劳动而被创造出来，它造成的结果却是资本的表面“辉煌”和劳动者的“物质贫困”和“精神贫乏”。马克思说，资本主义生产本质上就是“剩余价值的生产”，也就是依靠占有工人的“剩余劳动”而获得增殖，它的代价是对工人身体的损害甚至造成工人寿命的缩短。[①]

在分析资本主义社会空间时，不能只看到作为表象的“现实”，也不能只看到不平等的“表象”，而应该看到这个“现实”是如何出现的，更要看到真正“创造价值”的力量是什么，并思考如何保护这种在生产过程中受到剥削的力量。

三、对资本主义空间异化批判的深化

对资本主义社会中工人阶级的生活状况，马克思始终极为同情，对他们所处的“异化”状态也一直抱严厉的批判态度。究其原因，与他深受自意大利文艺复兴以来的人道主义思想和法国大革命中民权平等思想的影响不无关系。马克思曾经把康德哲学理解为法国大革命的德国理论，对于青年黑格尔的哲学，他事实上也是这样理解的。他认为德国古典哲学是对法国大革命倡导的人民主权思想的继承和发展，而历史唯物论哲学也是对这一传统的推进。

在《1844年经济学哲学手稿》中，马克思用黑格尔式的“异化”概念对劳动者的生存处境做了出色的分析和描述。他从现实中的工人在生产中的劳动出发，分析作为人口大多数的无产阶级的生存状况，批判了“私有制”造成的劳动者生存的异化，并且提出了扬弃私有制和私有财产，用社会主义和共产主义的实践消灭这种异化。和其他哲学家不同，马克思不是仅仅停留在道德的批判和谴责，而是同时指出了劳动者所从事的“对象化”活动的现实意义，肯定了工商业实践是人的“本质力量”对象化的展示方式，从而事实上肯定了资本主义生产方式的进步意义，尽管这种进步是以“异化”为代价实现的。

---

① 马克思，恩格斯．马克思恩格斯全集：第 44 卷［M］.2 版．北京：人民出版社，2001:307.

马克思在《1857—1858年经济学手稿》的导言中确定了“从抽象上升到具体”的方法之后，开始重点集中对资本主义生产过程进行分析。同时，和在《1844年经济学哲学手稿》中一样，他仍然继续运用“异化逻辑”对生产的结果进行了分析。因为使用“剩余价值”“劳动能力”“交换价值”等概念进行了更加具体的分析，所以他在理解上有所深化。“因为通过新的生产行为本身，——这种行为只是证实了在它之前发生的资本和活劳动之间的交换，——剩余劳动，从而剩余价值、剩余产品，以至劳动（剩余劳动和必要劳动）的全部结果，都表现为资本，表现为同活劳动能力相独立的和与之无关的交换价值，或把活劳动能力只当作自己的使用价值而与之相对立的交换价值。”①

应该说，马克思对资本主义生产过程的分析相对于《1844年经济学哲学手稿》来说明显有所深化，对于生产结果的判断却是前后一致的，即生产最终表现为“为了资本的生产”。此前通过“异化”式批判主要说明的也是这一点。

在《1857—1858年经济学手稿》中，马克思仍然重复了过去的观点，认为“活劳动能力”创造出大量财富，只不过创造出的是他人的财富和自身的贫穷，创造出“资本”以及资本对“劳动能力”自身的所有权，也就是说，“活劳动能力”创造出它所侍奉的资本主人，创造出他人财富的现实性和自身的虚无化现实。“这种情况表明，通过劳动本身，客观的财富世界作为与劳动相对立的异己的权力越来越扩大，并且获得越来越广泛和越来越完善的存在，因此相对来说，活劳动能力的贫穷的主体，同已经创造出来的价值即创造价值的现实条件相比较，形成越来越鲜明的对照。劳动本身越是客体化，作为他人的世界，——作为他人的财产——而同劳动相对立的客观的价值世界就越是增大。”②

这种与“劳动能力”相对立的“资本”的权力及其所建构的外部客观世界的不断增强只是一个方面。马克思认为，更重要的是生产过程同样创造出资本和劳动的“关系的再生产”，正是这种关系不断强化着资本对劳动的统治。他认为生产过程和价值增殖过程更为重要的结果是“资本家和工人的关系本身的再生产和新生产”③，这种“生产关系的不断再生产”反过来加强了资产阶级的统治。

---

① 马克思，恩格斯．马克思恩格斯全集：第30卷［M］.2版．北京：人民出版社，1995:444.

② 同①447.

③ 同①450.

资本所带来的异化不是局部的，而是“全面的异化”。“在资产阶级经济以及与之相适应的生产时代中，人的内在本质的这种充分发挥，表现为完全的空虚化；这种普遍的对象化过程，表现为全面的异化，而一切既定的片面目的的废弃，则表现为为了某种纯粹外在的目的而牺牲自己的目的本身。”[①]过去，生产的目的是人，在资本主义生产中，“货币”（所谓的财富）变成了生产的目的。为了货币（发财致富）的生产，作为劳动者的工人的“发展”被牺牲了。由此可以看出，在《1857—1858年经济学手稿》中，马克思并没有完全放弃“异化式批判逻辑”，这一批判逻辑对于分析和批判资本主义生产过程仍然具有重要意义。

和《1844年经济学哲学手稿》相比，马克思不仅使用了新的概念对资本主义生产进行更加准确地描述，而且从资本自身蕴含的矛盾及其所造成的趋势进行分析。他不是停留在批判资本带来的“罪恶”，而是同时肯定了资本主义生产为未来更加文明的社会创造的物质条件。马克思认为，物质生产力的发展同时会促进工人阶级力量的发展，促进工人“阶级意识”的觉醒，最终会扬弃“资本”本身，实现工人自身的解放。[②]当然，这种解放不会自动实现，而必须通过工人阶级维护自身利益的斗争来达到。

资本的发展带来了很多趋势，这种趋势比以往的阶段表现出更加全面的特点。马克思认为，就资本自身的本性来说是狭隘的，但是就资本力求更加全面地发展生产力来说，它又是全面的。这样一种趋势同资本这种狭隘的生产方式是相互矛盾的，这就决定着资本必然成为新的生产方式形成的前提。“资本自身”会导致自身走向解体，“资本不过表现为过渡点”[③]。

由此可见，马克思在写作《资本论》的过程中继续贯彻了过去的“异化批判的逻辑”。资本生产所造成的空间异化不仅是对劳动者（马克思称之为主要生产力）来说的异化，而且是“全面的异化”。因为生产造成的结果是资本的增殖和劳动者的贫困、过剩人口的增加（它意味着赤贫），所以这种异化的结果对劳动者的危害最大。

---

① 马克思，恩格斯．马克思恩格斯全集：第 30 卷［M］.2 版．北京：人民出版社，1995:480.

② 同①542-543.

③ 同①539.

在《资本论》中，马克思对“拜物教”的批判，也可以看作异化批判逻辑的延续。他想要指出的是“物的世界”掩盖了“本质世界”的情况，即现实中表现为“物与物的关系”掩盖了真实的生产关系。如果说在马克思早期手稿中所讨论的“劳动异化”是一种“物”的层面的异化，那么“拜物教”所体现的则是“精神”上的“异化”，即精神被自身所创造的对象所蒙蔽。

如果说在马克思的批判中存在着“异化逻辑”和科学发生学的“生产逻辑”的话，那么这两种逻辑并不是相互对立，而是相互统一的关系。其中“异化逻辑”体现出价值观层面的内涵，而“生产逻辑”则体现出科学的认识论层面的内涵。“异化逻辑”提供了价值方向，“生产逻辑”则深化了异化批判的力量。这两种逻辑的批判表现出可能性和必然性的统一。

第十章

空间解放：资本主义空间向共产主义空间的过渡

资本主义社会空间是一种有利于“资本”而不利于劳动者的反人道的空间，这在资本主义原始积累阶段表现得非常明显。马克思对资本主义社会的剖析和批判建立在对资本主义社会的深刻认识的基础上，只有理解了资本主义社会空间的本质内涵，才能认识到向共产主义社会空间过渡的迫切性和必然性。

一、资本主义空间最本质的内核是生产关系

在理解空间的时候，人们习惯于把物质性空间理解为真实的空间。但是，就像中国哲学史上的“道器之辩”一样，“器”永远是形而下的可见的实体，而决定“器”的永远不是“器”本身。人们对“道”的探讨正是希望更深入地理解决定“器”的内核。马克思对“工业”“资本”“商品”“机器”等的分析可以看作是对“器”的分析，只有通过对“器”的层面的认识才能深入理解“道”的层面的本质。维柯和黑格尔之所以不能科学地解释“历史”，就是因为他们没有能够深入地剖析社会，尤其没有从人的“实践活动”的角度理解和分析“现实”。当然，他们也不会提出“抽象劳动”的概念，不可能深刻地理解他们所生活的社会生产和生活过程。这一方面是因为资本主义的发展还不充分，另一方面则是因为经济学研究水平

的限制。

当代西方马克思主义的某些学者侈谈历史唯物主义的“空间转向”，认为马克思没有深入理解“空间”的维度，笔者认为，这个观点是站不住脚的。他们只是看到“空间压缩”的表象和社会不平等的现象，而没有看到造成这种现象的本质因素。换句话说，他们只是看到了“器”的表象，而没有上升到“道”的层次，“捡了芝麻丢了西瓜”。有些西方马克思主义的学者倒是也重视生产关系，但是仅仅在“社会学”的层次谈论这种关系（如列斐伏尔）。因此，他们对革命的理解也只能停留在温情脉脉的“日常生活”革命和“微观”斗争。

马克思对“社会”和“资本”的本质分析并不是一蹴而就的，而是逐渐深化的。首先，为了突破黑格尔主义的唯心史观，他从人的实践的角度理解社会历史，而不是像黑格尔那样仅仅从“精神”的角度理解历史，更不是像维柯那样从“神圣意旨”的角度理解历史。这一突破，奠定了唯物主义历史观的重要方法论基础。但是，从“实践”出发理解虽然方向是正确的，还没有深入到资本主义社会的本质内核，要达到彻底的理解必须分析“资本”。其次，在对“社会”的理解上，尤其在和蒲鲁东式的“形而上学”的抽象理解作斗争的过程中，马克思进一步明确了“生产关系”的历史“特殊性”和“暂时性”，同时批判了把资本主义生产关系“永恒化”“神圣化”的倾向。这一理解抓住了资本主义社会的本质内核。最后，在对“资本”“商品”等概念的分析上，马克思也贯彻了上述基本观点，即“资本”不是单纯的实体性物质①，其本质的内涵表现为一种无所不在的生产关系。不仅如此，资本还是一个“过程 ”，而不是静止的存在。一般人看到的“资本”“商品”只不过是一种表象，它们以“物”的形式表现出来，但是，让“资本”成为“资本”的并不是资本自身，而是这种以追求剩余价值为目的的生产方式和生产过程。

在对资本主义社会的本质认识的过程中，青年马克思虽然一开始也在《德意志意识形态》中提到了“交往形式”和“生产关系”的概念，但是因为当时他在经济学上的研究不足，还是没能深入剖析这一关系，尤其没能像在《资本论》中那样，从对资本生产过程的矛盾发展中分析这一“关系”的生产和再生产。在这

① 马克思，恩格斯．马克思恩格斯全集：第 30 卷［M］.2 版．北京：人民出版社，1995:213-214.

个意义上可以说，青年马克思对“资本主义生产关系”的认识还停留在较为简单的阶段。

有人认为，资本古已有之，资本主义生产关系也是自古就有，它是一种永恒存在的关系形式。不可否认，前资本主义社会也存在着手工业及商品贸易，但是在奴隶社会和封建社会，那种简单的手工业作坊和农业相比仍然微不足道，它还不是社会的主要生产形式。只有到了近代以后，资本主义工业生产和商业贸易才逐渐上升到主导地位，首先且突出的表现是军事工业及其贸易。只有当物质生产的主要形式从农业生产过渡到工业生产，“资本主义生产关系”才真正成为一种“主导性关系”。与此相应，封建社会的时代向资本主义时代的过渡就变得不可避免了。

在资本主义社会，“资本”成为一种主导性的关系形式，马克思把“资本”比喻为一种“普照的光”，它让一切形式都因为它而改变颜色。资本作为一种统治性“关系”，主要表现为它和“劳动能力”之间的关系。[①]这是一种不平等的关系，“劳动能力”的现实表现最终只会导致它的对立面——资本的增大，从而使得资本变成一种“统治性权力”。资本和劳动能力之间的关系有点像“主人”和“奴隶”的关系。资本主义生产过程在本质上是剩余价值的生产过程[②]，由这一过程所创造出的“价值”最终只是使得“资本”致富，由“劳动能力”创造的财富变成了“资本”的“所有权”。过度的生产造成的是工人的“过度劳动”和产品的“过剩”，最终带来的是劳动者自身的过剩——失业人口。

在马克思看来，资本主义生产关系是一种不幸的“关系”，“这种生产关系把工人变成资本增殖的直接手段。所以，成为生产工人不是一种幸福，而是一种不幸”[③]。在这种关系下，资本主义提高生产力的方式主要靠“牺牲工人”，它造成的结果是资本的增殖和劳动者的贫穷——两极化的结果。在这个意义上说，这种关系具有一种“对抗性质”。资本的“垄断”已经变成束缚生产力发展的所

---

① 马克思，恩格斯．马克思恩格斯全集：第 30 卷［M］.2 版．北京：人民出版社，1995:444-447.

② 马克思，恩格斯．马克思恩格斯全集：第 44 卷［M］.2 版．北京：人民出版社，2001:307.

③ 同②582.

有制形式，有必要把“资本主义所有制”转化为“社会所有制”[①]。

二、资本主义空间批判是空间解放的前提

马克思对资本主义社会空间的批判并不是简单的否定，而是高度肯定了资本主义社会空间相对于奴隶社会和封建社会的进步意义。但是他又不同于其他学者一味地对其保持简单的肯定态度，而是力图发现资本主义社会空间存在的问题，并且努力寻找解决问题的办法。

和马克思同时代的经济学家约翰·威德认为，“资本”是积累的劳动，是“文明的另一名称”[②]。马克思并不这样认为，事实上他把资本所带来的“文明”看作丑陋的文明，一种“盗取的文明”，它建立在对劳动者的残酷剥削的前提下。事实上，真正创造文明的是劳动者而不是资本家，后者只是窃取了这种文明。大量童工的使用，任意延长工人的劳动时间，“零敲碎打地”占有工人的休息时间以及通过使用机器造成工人的过度劳动等，都是资本的“发明”。马克思事实上是在讽刺的意义上谈论这种“文明”，肯定了正是劳动者创造了这种文明。

马克思对资本主义空间的批判不仅仅是一种道德批判，更重要的是一种建立在理性分析前提下的科学批判。

首先，马克思不是在“物”的层面上对资本主义空间进行批判，而是重视对形塑“资本主义空间”的本质进行分析。停留在“物”的层面的批判并没有击中要害，只是一种对“表象”的批判。例如，仅仅批判劳动者的“异化”状态显然还没有认识到资本主义的本质性内涵，尽管这种批判也是必要的。只有深入到对资本主义生产关系的认识，才能抓住其本质内涵。

其次，马克思对资本主义空间的批判不是单纯的价值判断，而是通过对资本生产过程的分析揭示其中的“矛盾”和“发展趋势”，并从中寻找突破资本主义

---

① 马克思，恩格斯．马克思恩格斯全集：第 44 卷［M］.2 版．北京：人民出版社，2001:874.

② 马克思，恩格斯．马克思恩格斯全集：第 30 卷［M］.2 版．北京：人民出版社，1995:587.

空间的契机。资本和劳动之间构成一对“矛盾”，它们是对立统一关系。两者的矛盾决定了“资本主义生产关系”具有“对抗性质”。因此，无产阶级要实现自身的解放就不能寄希望于资产阶级的“仁慈”，而要诉诸广泛的“联合”和坚决的“斗争”，只有这样才能维护自身的利益。资本自身也是一个矛盾，这种矛盾表现为，资本在为劳动和价值的创造确定界限的同时，又要无限地扩大劳动和价值的创造。[①]同时，越来越发达的社会生产力和它所服务的狭隘目的（资本追逐自身价值增殖的目的）之间也构成一对矛盾。资本一方面要不断地打破空间界限去探索地球、开发新产品以及激发人的需求以获得更多财富，另一方面，强大的社会生产力所服务的目的只是资本自身的“增殖”这个有限的目的，而不是整个社会个人的发展。因为这种矛盾的存在，资本力求全面地发展生产力，这和它自身的本性是矛盾的（它的本性是发财致富），最终，资本违背自身的意志所创造出的全面的发展趋势，“就成为新的生产方式的前提”[②]。

最后，马克思对资本主义空间的批判虽然肯定了资本主义生产的积极性，但是，从根本上说是否定性的。“私人所有制”的本性就是想方设法通过占有他人的劳动以获取财富。在他看来，资本本身就来源于对他人劳动的占有。“一切资本，不管是流动资本还是固定资本，都来源于对他人劳动的占有，不仅起初是这样，而且经常不断地是这样。”[③]资本主义生产本质上是“剩余价值的生产”，就是对“剩余劳动”的占有。[④]资本主义制度固然提高了生产力，但是这是以牺牲工人个人为代价的。马克思说，资本主义所有提高社会生产力的方法都是靠“牺牲工人”来实现的，所有发展生产的手段也都转变为剥削劳动者的手段，最终使得劳动者畸形发展，变成“局部的人”和“机器的附属品”[⑤]。从这些论述可以看出，资本主义制度不仅是反人道的制度，从道德上应该受到谴责，而且从科学的必然性的角度分析，它的发展也孕育着全面发展的趋势。这种趋势使得资

---

① 马克思，恩格斯．马克思恩格斯全集：第 30 卷［M］.2 版．北京：人民出版社，1995:405.

② 同①539.

③ 马克思，恩格斯．马克思恩格斯全集：第 31 卷［M］.2 版．北京：人民出版社，1998:133.

④ 马克思，恩格斯．马克思恩格斯全集：第 44 卷［M］.2 版．北京：人民出版社，2001:307.

⑤ 同④743.

本主义制度成为一个“过渡点”。

由此可以看出，马克思对资本主义空间的批判并不是停留在“表象”层面的分析，而是重视在分析资本主义生产过程中揭示其“内在矛盾”和“本质”。这种批判不同于当前某些西方马克思主义者从文化或者别的视角进行的批判，它抓住了影响资本主义空间生产的核心内容，从而为无产阶级实现自身的解放指明了方向。“文化的批判”也许补充了马克思政治经济学批判的某些内容，但是决不能代替马克思的批判。只有抓住问题的关键，而不是停留在细枝末节的批判，才能真正引领工人阶级打破资产阶级的统治，实现自身的解放。

三、革命性实践是从资本主义空间向共产主义空间过渡的必由之路

从资本主义空间向共产主义空间的过渡并不是自发的过程，而是通过“革命性实践”来实现的。马克思认为，人们对于现实的认识只是问题的一个方面，更重要的是对现实的改变。过去的哲学家重视“解释世界”，马克思认为，问题在于怎样“改变世界”。有些哲学家提出，要“改变世界”，必须首先“解释世界”。在“改变世界”之前，马克思也“解释世界”。不错，“解释世界”是认识世界并对现实本身进行批判的前提，但是，“解释世界”决不能代替“改变世界”。正如亚里士多德所认为的那样，“实践”比“认识”本身更重要，“认识”只是起到一个“次要”的作用。马克思也认为，只有“实践”才是哲学走出“象牙塔”，实现自身的根本方式。那么，究竟应该怎样理解马克思所说的“实践”呢?

在《关于费尔巴哈的提纲》中，马克思曾经说过：“环境的改变和人的活动或自我改变的一致，只能被看作是并合理地理解为革命的实践。”[①]那么如何理解这里所说的“革命的实践”？

有学者认为，在《关于费尔巴哈的提纲》中，马克思所说的“实践”指的不

① 马克思，恩格斯．马克思恩格斯文集：第1卷［M］．北京：人民出版社，2009:500.

是别的，而是“物质生产实践”。在其后的著作《德意志意识形态》中，马克思确实强调了“物质生产实践”作为历史发展的前提，但是笔者认为，不能把马克思在《关于费尔巴哈的提纲》中的看法简单理解为“物质生产实践”。毋宁说，他所说的实践是广义的实践，也就是“改变世界”的实践，而不是停留在“解释世界”的实践，当然，也不是单纯的物质生产实践。

马克思所说的“革命的实践”是广义的“实践”，而不是狭义的，它的主要内涵包括以下三点：

第一，物质生产实践。和唯心主义者不同，马克思认为不能仅仅停留在“观念”和“词句”的斗争。人的解放不能依靠表现“观念”“意识”等“词句”去解放，而是需要通过“使用现实的手段”。马克思说：“没有蒸汽机和珍妮走锭精纺机就不能消灭奴隶制；没有改良的农业就不能消灭农奴制；当人们还不能使自己的吃喝住穿在质和量方面得到充分保证的时候，人们就根本不能获得解放；‘解放’是一种历史活动，不是思想活动，‘解放’是由历史的关系，是由工业状况、商业状况、农业状况、交往状况促成的……”[①]由此可见，马克思特别强调能够使人的吃喝住穿等方面的生活质量得到保障，认为只有这些方面的改变才能为人的真正“解放”创造物质条件。

毫无疑问，资本主义促进了生产力的发展，它使得社会生产有“全面发展”的趋势。正是在这个意义上，马克思肯定了资本主义社会相对于封建社会和奴隶社会的进步意义。资本主义不仅带来物质生活条件的改善，而且促进更广泛的“社会联系”和“个人能力”的更全面的发展，尽管这是以劳动阶级的全面异化为代价的。

虽然马克思肯定了“物质生产”这类技术的实践的重要性，但是，他并不认为资本主义社会可以自动地克服它的局限性而进入共产主义阶段。他认为，资本主义存在着难以克服的内在矛盾，即资本所组织起来的发达的社会生产力和它所服务的狭隘目的（资本的发财致富）之间的矛盾，而这正是众多社会问题产生的本质因素。无产阶级只有“联合”起来，才能突破“资本主义生产关系”的限制，实现全社会的解放。

---

① 马克思，恩格斯．马克思恩格斯文集：第 1 卷［M］．北京：人民出版社，2009:527.

第二，阶级斗争实践。马克思认为，自从阶级出现以来的历史都是伴随着“阶级斗争”的历史。奴隶和奴隶主阶级，农民和地主阶级，无产阶级和资产阶级，这是历史上随着不同的生产方式而曾经出现过的几个主要对立阶级的形式。随着生产力的发展，奴隶和奴隶主阶级、农民和地主阶级的阶级斗争形式已经转变为无产阶级和资产阶级的斗争。马克思认为，正如过去的阶级斗争都伴随着生产力的发展而消失了一样，无产阶级和资产阶级的斗争也必然会随着生产力的发展而消失。这个过程不是轻易可以达到的，而是需要经过“革命性实践”才能实现的。

在资本主义社会，这种“阶级斗争实践”主要表现为共产主义的实践。“共产主义实践”的目标主要是通过无产阶级的联合“消灭私有制”。共产主义并不剥夺人们“占有社会产品的权力”，从而让每一个人变得一无所有，它只是反对利用对社会产品的占有去“奴役他人”。“共产主义并不剥夺任何人占有社会产品的权力，它只剥夺利用这种占有去奴役他人劳动的权力。”[①]通过无产阶级的联合的斗争，把社会产品掌握在无产阶级手里，使现代化生产成为为了全体社会成员谋福利的生产，而不是只为实现资产阶级发财致富的生产，从而摆脱资本主义生产的私人占有的可怜性质——“生产”仅仅为“资本”而生产，而不是为了全体社会成员的“发展”而生产。[②]

通过“阶级斗争实践”而获得劳动者利益的保障，是实现“无产阶级解放”的重要途径。马克思认为，无产阶级只有“联合”起来才能维护自身的利益，这种“联合”会经常受到资产阶级的破坏和阻挠，无产阶级联合的力量从而也很容易被瓦解。劳动阶级若要真正维护自身的利益，最终只有通过“无产阶级专政”掌握国家政权来达到，寄希望于资产阶级的仁慈是不可靠的。

第三，科学的理论实践。毫无疑问，从博士论文到《资本论》，马克思的著作都是对世界的“解释”，它有助于提高人们对“现实”的认识和“觉悟”，这对于整个社会从自发状态走向自觉状态具有重要意义。事实上，马克思也高度评价了工人阶级对自身状态和自身使命的“觉悟”。他说：

---

① 马克思，恩格斯．马克思恩格斯文集：第 2 卷［M］．北京：人民出版社，2009:47.

② 同①46.

“认识到产品是劳动能力自己的产品，并断定劳动同自己的实现条件的分离是不公平的、强制的，这是了不起的觉悟，这种觉悟是以资本为基础的生产方式的产物，而且也正是为这种生产方式送葬的丧钟，就像当奴隶觉悟到他不能作第三者的财产，觉悟到他是一个人的时候，奴隶制度就只能人为地苟延残喘，而不能继续作为生产的基础一样。”[①]

要达到工人阶级的“觉悟”，显然不能仅仅通过自发的“意识”，而必须通过认真学习和研究才能达到。当然，并不是每个人都需要从事研究工作，只需要少部分人进行研究，再通过通俗易懂的方式进行宣传，让人民群众学习之后，就可以达到这种普遍的“觉悟”。“共产党人”的使命就是启发和引领无产阶级达到“自觉状态”，从而完成自身的解放。通过研究和宣传新的世界观、价值观、历史观等促使人民群众走向“自觉”，必须通过广泛的“理论实践”才能实现，这是“改变世界”的第一步。

马克思并不反对“解释世界”，而是反对错误地、形而上学地“解释世界”，主张科学地、实事求是地“解释世界”。他主张严谨地对待“理论实践”。马克思一生都在同各种各样的反社会主义思潮进行斗争，说明他高度重视理论实践的作用。没有科学的、严谨的理论实践，就没有无产阶级的自觉，也就不可能有无产阶级的真正解放，有的只是一次又一次在反抗压迫时的仓促暴动，以及随之而来的必然的失败。

在以上所述的实践中，每一种实践形式都很重要，马克思在不同的语境下也予以不同程度的强调。“阶级斗争的实践”是无产阶级政治实践的主要表现形式，马克思一直特别重视。“物质生产实践”是技术实践，马克思主要强调其对于历史发展和无产阶级解放的重要意义。物质生产实践可以说主要表现为“人的解放的客体维度”，而阶级斗争的实践主要表现为“人的解放的主体维度”。马克思始终重视生产力的发展，这里面包括了以“物质”和“技术”的形式表现出来的“生产力”，以及以劳动者是否能够“全面发展”的形式表现出来的“生产力”。事实上，“生产力”概念也包括了主体和客体的双重维度。后人大多单纯地从“物”的层面理解“生产力”，这种理解是对马克思思想的严重误解，犯了

① 马克思，恩格斯．马克思恩格斯全集：第30卷［M］.2版．北京：人民出版社，1995:455.

见“物”不见“人”的错误。它会导致人们仅仅从“物质”、“技术”和“经济”层面理解人的解放，而忽视从无产阶级联合的阶级斗争的层面理解人的解放，在实践上导致一种技术主义或者经济决定论的错误。

除了上述几种实践形式之外，当然还有别的实践形式，例如个体的生活实践、艺术的实践等，但是这些并不是马克思所讨论的实践的主要形式，在此不作讨论。

还有一个需要澄清的问题，即“实践”的概念与“生产”的概念，两者的关系如何理解。关于这一点，有的学者干脆用“生产”的概念代替“实践”的概念，还有的把生产和实践概念相统一，归结为广义的“实践”。当然，笔者认为，可以把“生产”的范畴看作是广义的实践概念。在分析历史和资本主义生产过程的时候，从经济学的角度看，不可能都使用“实践”概念去描述。这一点从马克思对“生产一般”和“劳动一般”概念的分析就可以看出来。“生产”和“劳动”的概念更多是从经济学的层面描述历史发展和资本主义生产而使用的概念；至于马克思理解的“实践”概念，则主要是从哲学层面所作的分析。从哲学层面分析的主要是“实践的主体维度”，从经济学层面分析的主要是“实践的客体维度”。只有把两个层面的实践概念都理解了，才是马克思的完整的实践概念。西方马克思主义的部分学者把马克思的实践概念称为“生产主义”而加以反对，事实上犯了以偏概全的错误，他们忽视了马克思“实践”概念的两个维度的区分，用“生产”概念不恰当地代替了“实践”概念。

第十一章

资本主义时空转换的内涵

从辩证唯物主义的角度来说，自然界处在永恒的流变之中，只有“变”是不变的。当然，在特定的历史时空，“流变”之中也有规律可循，“变”中也有相对不变的规律值得研究。在马克思的辩证时空理论中，时空之间是如何实现转换的？它的主要内涵是什么？这是需要进一步思考的问题。

一、时空转换的本质：劳动和资本在时空转换中的作用

在资本主义社会中，时空转换的过程是资本通过“雇佣劳动”组织生产的过程，也是劳动者被资本全面异化的过程。

在时空转换的过程中，工人阶级所从事的劳动和生产发挥着基础的作用。无论是农业劳动还是工业劳动，都需要通过劳动者付出一定的时间完成劳动的过程，从而生产出农产品或者商品供人们消费和使用，满足人们生活中的各种需求。马克思认为，工人是人格化的“劳动时间”。[①]“劳动时间”是决定价值的要素，也是衡量商

① 马克思，恩格斯．马克思恩格斯全集：第 44 卷［M］.2 版．北京：人民出版社，2001:281.

品价值的尺度，“每一个商品（产品或生产工具）都等于一定劳动时间的对象化”[①]。商品也必须首先转化成“劳动时间”才能和其他商品比较。由此可以看出，“劳动时间”或者“生产时间”在时空转换中发挥着决定性的作用，没有劳动者的“劳动”或“生产”，就没有现代意义上的空间。现代生活空间都是通过劳动者的劳动或生产创造出来的。

同时，马克思也指出了新的变化。由于大工业生产的出现，社会的进步被资本所利用。机器的广泛采用，农业和工业的生产力大幅度提高，这带来一个非常显著的变化，就是产生一个“自动的机器体系”。在这个“机器体系”中，工人只是被当作它们的“有意识的肢体”。工人的活动只是在机器加工原材料的过程中起到“中介作用”，也就是看管机器以免它发生故障。[②]在这个过程中，“机器”和“科学”是作为一种异己的力量而存在，“活劳动”则变成机器运转的手段。资本的一个重要趋势是赋予生产以“科学”的性质，它所造成的结果是：直接劳动越来越变得次要，从而变成生产过程的一个附属的要素。[③]

由此产生的一个重要变化是：“现实财富的创造”越来越少地取决于劳动时间和已经耗费的劳动量，而是较多地取决于在劳动时间内所使用的作用物的力量。[④]相对于“活劳动”对于财富的创造来说，这种由“自动化机器体系”所带来的财富创造力量空前提高，它也意味着时空转换在效率上得到极大提升。工人现在的角色“表现为人以生产过程的监督者和调节者的身分同生产过程本身发生关系”。[⑤]

在时空转换过程中，“资本”在生产中也发挥着重要作用。固然，没有劳动者，资本就无法进行“生产”；但是没有资本，“劳动能力”也只能是潜在的“力”，没有用武之地。在资本主义生产中，只有把“劳动”和“资本”结合起来，才能使劳动能力从潜能变成现实。马克思认为，资本之所以成为资本的前

---

① 马克思，恩格斯．马克思恩格斯全集：第 30 卷［M］.2 版．北京：人民出版社，1995:88-89.

② 马克思，恩格斯．马克思恩格斯全集：第 31 卷［M］.2 版．北京：人民出版社，1998:90-91.

③ 同②94.

④ 同②100.

⑤ 同②100.

提是“剩余劳动”或“剩余时间”[①]，资本的生产过程就是“剩余价值”的生产过程。

由此可以看出，在资本主义生产中，时空转换始终伴随着对“剩余劳动”或“剩余时间”的占有和剥夺。也正是对“剩余劳动”和“剩余时间”的追逐才引起资本家不断进行空间扩张的兴趣，给他们带去不断积累的愉悦，就像猎人在旷野中追逐野兔的快乐。

在劳动和资本的关系中，活劳动是为资本的增殖服务的，因此隶属于资本的“统治”。不管是活劳动创造出的产品还是活劳动本身，都属于资本所有。它和黑格尔所说的“主奴关系”比较类似。“劳动”是为创造剩余价值而劳动，“生产”是为资本的增殖而生产。

二、资本主义时空转换的障碍

在时空转换过程中也会遇到障碍。在资本主义生产过程中，由于“资本”和“劳动”的关系是一种不平衡的“从属关系”，“生产”只会使“资本”致富，而不会使劳动者致富。“生产”的结果就会使“资本”的权力越来越大，而“劳动”一方的权力则越来越小。它为资本家生产出宫殿，但是却为劳动者生产出贫穷。在资本主义生产关系下，资本、机器甚至科学构成了“主人”的权力，而劳动者一方则在这种“不幸的生产关系”下成为资本增殖的直接手段。[②]

资本主义生产在为资本创造出财富的同时，也产生出大量“过剩人口”。马克思就此总结出资本主义生产方式所特有的“人口规律”：工人人口在生产出资本积累的同时，也在以日益扩大的规模生产出使他们自身成为相对过剩人口的手段。[③]

在马克思看来，“过剩人口”就是赤贫[④]，它意味着工人会陷入最糟糕的生

① 马克思，恩格斯．马克思恩格斯全集：第30卷［M］.2版．北京：人民出版社，1995:375.

② 马克思，恩格斯．马克思恩格斯全集：第44卷［M］.2版．北京：人民出版社，2001:582.

③ 同②727-728.

④ 同①607.

存状态。但是，因为资本主义生产的目的是追逐“剩余价值”，保持一定数量的过剩人口有利于降低资本家的生产成本，获取更多的剩余价值，所以，维持一定数量的“过剩人口”对于资本主义生产方式又是必要的。马克思总结说：“资本主义生产最美妙的地方，就在于它不断地再生产出雇佣工人本身，而且总是与资本积累相适应地生产出雇佣工人的相对过剩人口。这样，劳动的供求规律就保持在正常的轨道上，工资的变动就限制在资本主义剥削所容许的范围内，最后，工人对资本家必不可少的社会从属性即绝对的从属关系得到了保证。”[①]由此看来，保持“相对过剩人口”的一定数量是由资本主义生产方式的内在要求决定的，因为它有利于资本获取更多剩余价值，同时也巩固了工人对资本家的“从属关系”。过剩人口本身是一个严重的社会问题，在资本主义所有制关系中，它却成为资本实现自身增殖的必不可少的条件，而且是非常“美妙的”一个条件。

通过对资本主义生产过程的分析，马克思指出了它所遵循的必然的一般规律。从这些规律可以看出，资本主义生产方式对于劳动者的剥削是由其所有制关系的性质决定的。无论资产阶级如何自我粉饰，都无法掩盖其“反人道”的性质。

资本主义生产方式和资本积累过程所表现出的时空转换是以牺牲工人为代价的。固然，资本在生产的过程中也表现出“节约”，只是这种“节约”表现为工人的“过度劳动”，以加速剩余价值的生产。让工人在狭窄的、有害健康的工作场所工作，“节约建筑物”[②]，不安装安全设备以节约不变资本，从而获得资本增殖。

通过对资本主义生产和积累的分析，马克思总结出资本主义积累的一般规律。他认为，资本的规模越大，它造成的“产业后备军”也会越大，同时“常备的过剩人口”也就越多：

“社会的财富即执行职能的资本越大，它的增长的规模和能力越大，从而无产阶级的绝对数量和他们的劳动生产力越大，产业后备军也就越大。可供支配的劳动力同资本的膨胀力一样，是由同一些原因发展起来的。因此，产业后备军的

① 马克思，恩格斯．马克思恩格斯全集：第 44 卷［M］.2 版．北京：人民出版社，2001:881.

② 马克思，恩格斯．马克思恩格斯全集：第 46 卷［M］.2 版．北京：人民出版社，2003:101.

相对量和财富的力量一同增长。但是同现役劳动军相比，这种后备军越大，常备的过剩人口也就越多，他们的贫困同他们所受的劳动折磨成反比。最后，工人阶级中贫苦阶层和产业后备军越大，官方认为需要救济的贫民也就越多。这就是资本主义积累的绝对的、一般的规律。”①

马克思很早就指出过，劳动和生产资料的分离对于劳动者本人是极为不利的，因为他一旦失业就意味着将会陷入极端贫困状态。马克思对过剩人口（失业）产生规律的揭示，事实上也是对资本主义生产方式所造成的劳动和生产资料的分离这一不利状况的进一步分析。它不是偶然产生的事实，而是内在于资本主义生产方式的先天缺陷中。作为大多数的无产者，之所以要力争改变资本主义生产方式，就是因为这种生产方式存在的内在缺陷，它会经常地、持续不断地把劳动者推向无家可归的处境。在这个意义上说，要普遍地实现劳动者的解放，必须从根本上改变资本主义生产方式。

在资本的积累过程中，它造成了工人阶级和资本家的严重“两极分化”，结果“在一极是财富的积累，同时在另一极，即在把自己的产品作为资本来生产的阶级方面，是贫困、劳动折磨、受奴役、无知、粗野和道德堕落的积累”。②马克思认为，这种情况的出现是“资本主义生产关系”的本质要求所造成的必然结果。

由此可以看出，在资本主义生产过程中，“时空转换”是建立在牺牲工人阶级利益的前提下的，它造成了整个社会“两极分化”的结果。这种结果使得整个社会越来越形成两个主要阶级：资产阶级和无产阶级。资本主义生产关系虽然促进了生产力的发展，但由于仍然是一种“对抗性关系”，在这种关系下，阶级矛盾和斗争十分尖锐。资本主义社会的时空转换是建立在牺牲工人阶级利益基础上的转换方式，资本所创造的财富是以损害劳动者利益为代价的。

由资本的垄断所组织的生产从促进生产力的发展，到最后变成生产力发展的“桎梏”。“资本的垄断成了与这种垄断一起并在这种垄断之下繁盛起来的生产方式的桎梏。生产资料的集中和劳动的社会化，达到了同它们的资本主义外壳

① 马克思，恩格斯．马克思恩格斯全集：第 44 卷［M］.2 版．北京：人民出版社，2001:742.

② 同① 743-744.

不能相容的地步。这个外壳就要炸毁了。”[①]难以调和的阶级矛盾、贫富两极分化、拜物教意识以及周期性发生的经济危机已经成为时空转换难以克服的障碍。

从以上马克思对资本主义生产及其积累的分析表明，资本主义生产方式带来的时空转换是一种“对抗性”和“反人道”的转换，因为这种性质，它已经成为时空转换的障碍。这一障碍是由资本主义的“统治性”生产关系决定的，无产阶级只有打破这一关系的束缚，才能真正实现自身的解放。

三、时空转换的哲学意义

人类社会从远古时期到今天的发展，就是通过人类改造世界的“劳动时间”（活动）而发生的巨大的时空转换过程。在远古时期，这种转换更多受到“自然力”的作用。随着生产力的发展，“时空转换”则主要受到人的“实践活动”以及人们所生产出的“自动化机器体系”的影响。

随着资本主义生产关系的出现，时空转换出现了加速的改变。资产阶级对世界市场的广泛开拓，使得一切国家的“生产”和“消费”互相联系起来，都变成“世界性”的了。资产阶级在短时间内所创造的生产力是惊人的，“比过去一切世代创造的全部生产力还要多，还要大”[②]。在高速增长的生产力面前，封建所有制关系被摧毁了。资本主义生产方式使得传统的生产工具、社会制度、社会关系等发生了巨大改变。这是一场史无前例的时空转换过程。

由资本主义生产方式带来的这场剧烈的“时空转换”，其哲学意义主要在于：

首先，通过资产阶级革命，实现了生产方式的革新，促进了生产技术的进步，为整个社会节省了劳动，促进了生产力的发展。不可否认，由资本带来的这场剧烈的时空转换创造了大量的社会财富，它为无产阶级的解放创造了物质条件，无产阶级的解放也意味着人类的普遍自由的实现。

---

① 马克思，恩格斯．马克思恩格斯全集：第 44 卷［M］.2 版．北京：人民出版社，2001:874.

② 马克思，恩格斯．马克思恩格斯文集：第 2 卷［M］.2 版．北京：人民出版社，2009:35-36.

其次，因为资本主义生产的全面化趋势，人的能力得到锻炼和更加全面的发展，为实现人的个性和自由创造了条件。人区别于动物的地方在于，他的生产不是片面的，而是全面的。资本主义促使生产走向全面的趋势，尽管造成了人的异化，然而却客观上促进了人的全面生产能力。只要克服这种异化，人的全面生产能力将会最终有利于实现人的个性和自由的发展。

再次，资本主义生产不断打破空间的界限，打破了世界各国和各民族之间的隔阂，形成一个广泛的世界性市场，使得人们之间的普遍交往成为可能，为实现共产主义创造了可能。资本主义生产方式所带来的时空转换，客观上促进了世界范围内人与人之间的普遍联系和普遍交往，也为无产阶级更加广泛地联合，从而建成一个互助、共享的社会创造了条件。

最后，资本主义社会时空转换是一场范围广泛的生产实践，它不仅把世界各民族、各阶级都逐渐融合为一个世界性共同体，摧毁了过去的等级专制体系，而且改变了人们的观念，扩展了人们对自然和社会的更全面的认识。

马克思充分地肯定了资本主义生产方式的进步意义，但是，他并不是一味地肯定。马克思认为，资本主义生产方式带来了严重的社会问题，存在着以下难以克服的内在缺陷：

第一，资本主义生产方式造成了全面的异化状态。由于资本主义生产关系是建立在维护资本利益前提下的关系形式，因此，劳动者在生产中处于一种被宰制的工具性和从属性地位，他们只是资本追逐发财致富过程中的工具。这造成了资本对劳动者的无情的压榨和剥削，从而使得他们处在全面的异化状态。

第二，资本主义生产方式加剧了社会不平等。由于这种生产方式的内在要求是寻求资本自身的增殖，结果是随着资本的积累和对世界市场的开拓，必然产生资产阶级一方财富的积累和劳动阶级一方的相对贫困和绝对贫困。正如马克思所说的，一方是财富的增长，另一方是贫困、疾病和粗野的增长。从根本上说，这是由劳动者和生产资料的分离所带来的必然结果。同时，资本相对于劳动一方的统治性地位也会越来越强化和巩固这一不平等趋势。

第三，资本主义生产方式造成了人与人、人与社会、人与自然关系的全面紧张和矛盾激化。由于资本主义生产是一种追逐剩余价值的生产，财富成为生产的目的，人则成了工具。资本家和无产者只不过是资本和劳动的人格化，在这种对抗性的关系中，人与人的矛盾空前紧张。同样，由于无产阶级处在被统治和奴役的地位，造成了以维护资产阶级利益为主的社会制度与无产阶级之间的关系也处在紧张状态。资本主义生产在追逐财富的过程中，对自然界展开了迄今为止最大限度的开采和利用，从而造成自然界被过度资本化，出现了人与自然界关系的严重紧张状态，环境危机只是这种紧张关系的反映。

第四，资本主义生产方式在空间上造成了两个相互对立的世界。一个世界是财富的无限增长和豪华奢侈的自由生活，一个世界是大量生活在狭小逼仄空间里的贫困人口，每天处在为了活着而不得不从事单调且过度劳动的现代式奴役状态，或者因失业而造成的无家可归状态。

由此可以看出，资本主义时空转换既蕴含着人类实现自由的希望，也存在着难以克服的弊端。在资本主义生产方式下，代表人类大多数的劳动者的自由的实现面临着难以克服的障碍。只有打破资产阶级的统治，突破这种生产方式的限制，克服资本主义生产关系的局限，才能彻底解放生产力，彻底消除两极分化，使生产真正服务于全社会个人的发展。

第十二章

时空转换的枢纽、动力和方向

由于高度重视劳动、生产或实践的作用，马克思主义的时空理论和唯心主义者所理解的时空观有很大区别。在唯心主义者那里，时空转换的枢纽是精神或理性，它的动力和方向也是精神或理性。因为在他们看来，精神或理性是宇宙的目的。马克思对唯心主义的批判，其重要成果就是建构起辩证时空理论，在对时空转换的理解上也和唯心主义者迥然不同，即实事求是地从对生活世界的分析中建立起对时空转换的科学理解。那么，如何理解时空转换的枢纽、动力和方向呢？本章将重点分析这一问题。

一、时空转换的枢纽

在欧洲文艺复兴以前的哲学和神学传统所理解的时空变化，大多带着有神论的色彩。文艺复兴以后，随着英国唯物主义和欧洲大陆唯心主义的传播以及自然科学所取得的成就，人们对时空转换的理解逐渐突破了有神论传统的理解模式，越来越带有一种机械论的特点。

由唯物主义传统发展出重视现实世界和人的劳动价值的基本思想，这种思想认为，人们所面对的物质世界和人工创造的世界是实实在在可以感知、可以确认的事实，至于上帝是否存在，因为人们既不能看到，也不能感知到它存在的事实，因此表示怀疑。随着唯物主义传统的兴起，这种有神论的传统逐渐退出哲学领域。唯物主义哲学建构起新的对时空转换的理解，即是由于人的劳动而不是上帝创造出我们所生活的社会。事实上，即使是一些泛神论者和唯心主义者也看到了劳动的重要价值。例如，卢梭、康德和黑格尔都曾经高度肯定劳动的作用，尽管没有把劳动的概念放在他们理论的核心位置。唯心主义者坚持把理性、精神或意志等看作是时空转换的枢纽，在他们的世界里，精神或意志是时空转换的永恒的“太阳”。

在马克思看来，人类社会是一个复杂的有机系统。时空转换的枢纽，即人类社会时空转换所围绕的核心，不是精神，也不是单纯地创造出产品的劳动或生产，而是“生产关系”。

最初的人类劳动是一种简单劳动，还不足以改变世界。在原始人那里，劳动还是为己的私人性质的劳动。随着劳动的分工和进一步复杂化，人类对自然界的改造也越来越显著，劳动逐渐从私人性质的劳动变成“为他”的劳动。这一转变伴随着私有制的出现而越来越成为奴役式劳动，由此形成了社会上占统治地位的阶级和劳动者阶级的基本对立。黑人只有在一定的关系下才会成为奴隶，纺纱机也只有在一定的关系下才会成为资本。[①]“生产关系”的性质决定了劳动的性质和生产的结果。“劳动”并不是一开始就是雇佣劳动，正如劳动者并不是一开始就是奴隶。从奴隶社会到资本主义社会，这一“对抗性生产关系”始终没有改变。它造成的结果是劳动者阶级的贫困、社会不平等的加剧以及社会矛盾的尖锐。

正是因为资本主义生产关系的限制，本来可以为劳动者自身带来福祉的“劳动”和“生产”走向了它的反面。马克思认为，和现代世界相比，古代的观点要更加崇高，因为它始终把人看作生产的目的；现代世界则相反，把生产看作人的目的，把“财富”看作生产的目的。[②]自从有阶级出现以来的历史都是“阶级斗争”的历史，之所以如此，是因为阶级社会的生产关系决定了产品的生产和分配更有利于强大的一方，而不是弱小的劳动者一方。在这个意义上说，时空转换的“枢纽”不是劳动或生产，而是决定劳动或生产的性质和结果的“生产关系”。

---

① 马克思，恩格斯．马克思恩格斯文集：第 1 卷［M］．北京：人民出版社，2009:723.

② 马克思，恩格斯．马克思恩格斯全集：第 30 卷［M］.2 版．北京：人民出版社，1995:479.

马克思对阶级社会中生产关系的分析表明，生产关系虽然发挥着至关重要的作用，但是，它也是在劳动者生产过程中被生产出来的。当它适应生产力的发展，就会促进社会进步；当生产力水平提高之后，原有的生产关系就不再适应生产力的发展要求，此时社会变革或革命的时期就到来了。①“生产关系”具有一种暂时的性质，它并不是永恒的。这是历史发展的一般规律，也是历史唯物主义哲学的基本原理。

资本主义生产关系是一种“对抗性关系”，它虽然在某个时期促进了生产力的发展，但它同时也在束缚生产力的发展。只有消灭阶级和阶级对立，塑造全新的生产关系，才能从根本上消除阶级矛盾，进而实现社会和谐与人的全面发展。

二、时空转换的动力

思辨唯心主义者认为，时空转换的动力是“精神”和“理性”的力量。固然，精神和理性在人的实践过程中发挥着重要作用，但是它们还不是“实践”本身，而仅仅是认识论层次上的概念。唯心主义者之所以强调精神和理性的作用，是因为他们没有看到或者没有重视人类实践的复杂性以及物质生产实践的基础作用。即使一些唯物主义者也没有突破这一点，例如，费尔巴哈仍然把理论活动当作人的真正的活动，认为从事理论活动的人才是“真正的人”，才能够体现人的类本质。②

时空转换的根本动力是“生产劳动”和“革命性的社会实践”。社会矛盾只是激发人的实践的因素，而不是动力本身。在不同时期的人类生产实践中，不同的生产的重要程度可能会有所不同。无论是个人生存还是历史发展，物质生产劳动都是前提条件，在这种生产的基础上，生长出其他新的需要以及满足这些需要的新的生产和再生产。随着生产力水平的提高，尽管人类社会的生产体系越来越复杂，但它的“物质生产基础”作为历史发展的前提仍然是不可动摇的。当然，

---

① 马克思，恩格斯．马克思恩格斯文集：第 2 卷［M］．北京：人民出版社，2009:591-592.

② 马克思，恩格斯．马克思恩格斯文集：第 1 卷［M］．北京：人民出版社，2009:499.

不可否认，精神或文化生产等“非物质生产”也很重要，但是还没重要到可以完全取代“物质生产”的程度。历史唯物主义的要义并不仅仅在于强调物质生产，而是认为在此基础上建立全面的生产体系和与之相适应的生产关系、上层建筑，并通过揭示这些因素的相互关系和矛盾而进一步理解历史才是实事求是的。

推动时空转换的“生产”和“实践”无疑是多方面的。就如恩格斯关于历史发展所说的“力的平行四边形”的比喻一样，除了各种生产形式之外，“阶级斗争”“政治斗争”“技术革新”“社会改革”，甚至战争都是推动时空转换的力量。但是，马克思并没有把所有的“社会实践”放在相同的位置上，而是在不同时期的文本中有所侧重。

在《德意志意识形态》中，他强调的是“物质生产”，认为历史的发展是以物质生产为基础。没有物质生产满足人们生存的需要，就没有其他形式的生产和消费出现的条件，人类历史的发展也就没有可能。马克思把“物质生产”活动称为“第一个历史活动”，是一切历史之所以可能的基本条件。①

在《哲学的贫困》和《共产党宣言》中，马克思强调的则是“阶级斗争的实践”。他认为，单纯依靠物质生产和技术进步并不能改变无产阶级的命运。在资本主义生产关系下，财富的“分配”必然有利于资本而不利于劳动者。“无产阶级”只有联合起来并展开阶级斗争，建立无产阶级政权，才能真正维护自身的利益。“共产党人的最近目的是和其他一切无产阶级政党一样的：使无产阶级形成为阶级，推翻资产阶级的统治，由无产阶级夺取政权。”②

在《1857—1858年经济学手稿》中，马克思在进一步强调无产阶级“联合”的前提下，分析了资本主义生产的全面趋势，以及劳动者在大工业生产中的地位的新变化。如果说过去推动时空转换的力量主要是人的劳动和生产，那么随着大工业的发展和“自动化机器体系”的建立，推动时空转换的力量主要变成了“技术”的力量。劳动者在生产过程中变成生产的“监督者”，直接劳动量越来越减少，“财富”的生产越来越依靠在生产过程中所运用的“作用物”的力量，也就是说主要依靠技术的力量来实现。③

---

① 马克思，恩格斯．马克思恩格斯文集：第1卷［M］．北京：人民出版社，2009:531.

② 马克思，恩格斯．马克思恩格斯文集：第2卷［M］．北京：人民出版社，2009:44.

③ 马克思，恩格斯．马克思恩格斯全集：第31卷［M］.2版．北京：人民出版社，1998:100.

随着这种时空转换的动力的变化，劳动者越来越成为生产过程中的“附属物”，或者作为生产中的一个次要因素而存在。马克思认为，资本主义生产把财富作为生产的“目的”，把工人当作发财致富的“工具”。这样一种狭隘的生产目的使得资本主义生产方式具有一种“反人道”的性质，它所建立起的生产关系也具有“对抗性”。由此，马克思认为资本主义生产关系具有“过渡”和“暂时”的性质，它只是历史发展长河中的一个“暂时性”阶段，最终一定会被超越。

资本主义生产方式作为历史上推动社会时空变换的重要方式，一开始具有革命性，但是由于其先天缺陷，其性质已经发生了严重蜕变，越来越显示出其贪婪性和寄生性。无产阶级只有打破传统的所有制关系，改变资本主义生产方式，才能使“生产”服务于“全社会个人的发展”。要做到这一点，必须依靠马克思所说的“革命性实践”。只有通过革命性的实践，选择社会主义道路，才能彻底“改变世界”。

三、时空转换的方向

社会的时空转换并不是无序的随机过程，而是“社会共同体”通过有目的的实践推进的结果。正是因为人类有目的的实践，才使得社会共同体的发展从自发状态走向“自觉状态”。

在社会发展的自发状态中，时空转换完全是偶然的、随机的。随着人类社会进入文明阶段，时空转换越来越具有目的性，它是人类有目的地“改造世界”的过程。尽管历史的发展充斥着暴力、野蛮和非理性，然而人所具有的理性决定了社会的发展并不是完全非理性的，而是受到理性控制的。

人类文明的发展史同时也是一部阶级斗争史。[①]在这个意义上说，历史的进步始终伴随着各个阶级、民族和国家之间的矛盾和冲突，甚至战争。它意味着文明的每一次进步都需要付出巨大的代价。

随着大工业生产的出现，资本主义社会以前所未有的方式对自然界进行开

① 马克思，恩格斯．马克思恩格斯文集：第 2 卷［M］. 北京：人民出版社，2009:31.

发，对“雇佣劳动”进行剥削和压榨。它造成了人和自然、人和人，进而是人和社会之间的矛盾空前激化。

资本主义社会是历史上时空转换最为剧烈的阶段。一方面，整个社会借助劳动和技术的力量生产出大量的商品；另一方面，它为一部分人创造了财富，却为另一部分人创造了赤贫。资本主义生产既“创造”又“破坏”。表面上灿烂的“文明”，事实上是以无偿占有劳动者的“剩余劳动”，摧残他们的身心健康为代价的。它以前所未有的方式加剧了社会不平等，把财富不平等发展到极致。

由此可见，资本主义带来的文明仍然是处在野蛮状态的“文明”。整个社会虽然以“理性”“自由”“平等”“博爱”等自居，但是它仅仅是少部分资产阶级的“文明”，对于无产阶级来说，它仍然意味着“野蛮”、“愚笨”和“贫困”。

资本主义的发展表明，它是人类文明从野蛮到真正的“文明”的过渡阶段，是从原始社会以来由自发状态向“自由状态”的过渡阶段。资本主义生产方式的弊端显示出，资本主义文明仍然处在半自发半自觉的状态。

在马克思看来，“共产主义”是对资本主义生产方式的克服，时空转换的方向是“人的自由而全面的发展”。由共产主义所创造的文明是从半自发半自觉状态向完全的自觉状态的实现。资本主义时空转换为共产主义的实现创造了条件，它的生产的全面趋势一方面创造出大量社会财富，另一方面促进了普遍交往和人的能力的全面的发展，尽管这是以全面的异化和整个社会的两极分化为代价的。

如何理解“人的自由而全面的发展”？“全面发展”不等于全部发展，而是“充分发展”，它是相对于片面发展和畸形发展来说的。全面发展一定是“健康发展”“均衡发展”。从根本上说，它是能够促进把个人的潜能发挥到极致，从而有助于社会进步的发展。全面发展的人是潜能得到最大化实现的人。马克思所说的全面发展的自由人，并不是把群众看作敌人的尼采式的“超人”，而是与群众保持着密切关系，对群众抱有深厚同情心的人。全面发展的人就是群众自身，他们不像尼采式的“超人”那样蔑视群众，甚至敌视群众，他们是在服务群众、与群众保持密切关系的过程中成为“自由人”。

如何实现人的自由而全面的发展？马克思认为，人的自由而全面的发展只有通过废除不合理的生产关系和政治制度，建立起人道的、平等的关系以及体现这种人道关系的社会制度才能实现。过去的奴隶制和封建所有制，让社会中的一部分人奴役另一部分人，让一部分人的自由和幸福的实现建立在另一部分人的痛苦和被奴役的基础上。之所以如此，并不完全是道德的因素，也与社会生产力的落后有密切关系。在阶级社会，一部分人因为没有生产资料不得不依附于另一部分人而生存，这是客观的经济因素所决定的。同时，统治阶级的意识形态也加强了对被统治阶级的奴役的合法性的认同。要解放被统治阶级，必须首先打破统治阶级的意识形态的统治，要用理论的武器去打破这种统治。同时，无产阶级还必须通过政治斗争取得政权以维护自身的权利。

如果把“人的自由而全面的发展”作为时空转换的方向，那么，它的哲学意义何在？

首先，它有助于劳动阶级在有尊严的条件下实现自由而全面的发展，而不是永远处在“虚假的共同体”中成为“从属”的、被剥削的一部分。因为马克思的辩证时空理论是一种科学的时空理论，这使得他的思想能够成为解放世界上被压迫的民族和阶级的重要理论武器。正是因为有了马克思主义的指导，世界上所有被压迫的民族和阶级有了获得解放的可能。

其次，“人的自由而全面的发展”的方向开启了一条改造社会空间的社会主义思想道路。它不仅是一种道德诉求，也植根于政治革命和生产力发展的基础上。马克思掀起了一场革命性风暴，他用一种全新的思想重新塑造未来社会空间，包括新的哲学、经济、人性和政治制度。

关于人的自由而全面发展的思想是一种现实的人道主义思想，它将深刻地影响对未来社会空间的改造。但是，这种人道主义是一种不同于其他人道主义的全新的思想。其特殊性在于：它坚持阶级的立场，坚持人民群众创造历史和主权在民的立场。同时，它也坚持一种节约的经济学和保护自然的经济学的基本立场。

最后，它有助于形成一种以“无产阶级的发展”为真正“财富”和“目的”的新文化、新道德、新经济、新政治、新制度。这样的社会空间才是真正的共同体，才是团结、互助、共享的共同体。只有在这种制度下，劳动者才能得到真正的保障和尊严，才能获得自由而全面的发展。这样的制度才是“自由人的联合体”。

第十三章

反思与批评性回应——基于历史唯物主义的考察

马克思的辩证时空理论是一个完整的、科学的理论体系，它是近代以来自然科学和社会科学所取得成果的理论升华，是运用唯物辩证法创造性地解释世界的重大理论成果。马克思的辩证时空理论提供了一个科学的世界图景，尤其是对人类社会发展的解释，具有强大的阐释力和说服力。不可否认，理论界还存在着形形色色的对世界的理解和解释，如何认识和评价这些曾经产生过重要影响的观点和思想，也是不可回避的重要论题。本章尝试从历史唯物主义的角度对部分学者的观点进行理论反思和批评性回应。

一、剩余时间：阿甘本时间观批判

吉奥乔·阿甘本在其所著《幼年与历史：经验的毁灭》和《剩余的时间——解读〈罗马书〉》中认为，西方世界对时间的理解经历了循环时间观和线性时间观等不同的阶段，尤其是近代以来，线性时间观逐渐成为一种主导的时间理解方式。他认为，这种理解仍然属于世俗的时间，还没有达到对真实时间的理解。

阿甘本虽然赞赏本雅明和海德格尔对时间的理解方式，但是认为他们没有更系统地阐述有关时间的理论。同时，阿甘本认为，马克思尽管提出了其历史的观念，却没有能够发展出与其历史观念相适应的时间理论。在他看来，只要沿着本雅明和海德格尔的思路前进，用神学的时间观补充马克思时间观的“不足”，历史唯物主义就会无往而不胜。究竟应该如何理解阿甘本的时间观？马克思新唯物主义的时间观应该如何理解？两者的异同何在？本节将对这些问题进行分析和探讨。

（一）阿甘本对传统时间观的批评及其时间观的主要内涵

阿甘本十分重视对时间概念的研究，他认为，每种文化都有其对时间的特殊经验，只有改变对时间的传统经验，才有可能创造出一种新文化。他明确地说：“一场真正革命的原始任务，从来不是简单地‘改变世界’，而且——最重要的——是改变‘时间’。”[①]他认为改变对时间的经验和经验方式，是一种新文化得以产生的前提，也是“真正革命”得以发生的条件。

阿甘本时间观的形成建立在对传统时间观的批评的基础上。他认为，古希腊对时间的理解主要表现为循环的时间观。柏拉图把时间与天体的周期旋转结合起来，在他看来，既然天体的旋转是一种循环，那么时间也被看作一种没有方向的循环。亚里士多德也已经注意到循环的时间理解，但是他认为时间不过是衡量运动的“数”，它是“一般地为连续性运动的数”[②]。他的这种理解因为把时间与运动的事物联系起来，具有客观性的特征。

古代的循环时间观被后来的基督教思想所打破，后者主要把时间理解为一条直线。阿甘本说：“与古典世界无方向的时间相对照，这个时间拥有明确的方向和目的：它从创世到终结的发展是无法逆转的，形成了从最初的堕落到最终的救赎，而其指涉核心就是基督的肉身。因此，圣奥古斯丁可以用基督的救赎对抗希腊哲学的虚假循环。”[③]阿甘本认为，基督教对于现代时间观的形成产生了重要影响，因为基督教不仅为历史经验奠定了基础，而且它“将时间与星体的自然变化绝对区别开来，使其本质上成为人类的内在现象”。[④]在他看来，在手工制作经验的影响下，

① 阿甘本．幼年与历史：经验的毁灭［M］．尹星，译．郑州：河南大学出版社，2011:82.

② 亚里士多德．物理学［M］．张竹明，译．北京：商务印书馆，1982:136.

③ 同①87.

④ 同①87.

现代时间实际上是“对线性的、不可逆转的基督教时间的世俗化”[①]。

阿甘本反对定量的、空洞的、连续的、无限的现代时间观，这种观点把时间理解为同质的和不可逆的瞬间连续体。他认为现代时间观与现代技术和生产的经验有关，“把时间再现为同质、线性和空洞的这种做法源自手工制作的经验，得到了现代机械的认可，确定了一致的线性运动对循环运动的优越性。从经验抽象出来的已死的时间标志着现代城市和工厂生活的特点，对这种已死时间的经验似乎使人相信精确的、飞逝的瞬间是唯一的人类时间”[②]。阿甘本进而认为，对历史作一种持续的、向未来伸展的历程的理解也与这种时间概念密切相关。但是，他认为现代的历史和时间观念因为失去了人性的维度，所以历史成了编年史，时间成了空洞的、定量的时间，后者不过表现为向着未来流逝的、精确的瞬间的连续。

总之，这种“现代”意义上的时间观受到基督教时间观、现代技术和生产经验的影响而形成，对现代时间观的批评也使他想要恢复一种对时间的“人性的”“充实的”理解。阿甘本认为，尽管没有形成系统的时间理论，但在诺斯替教、斯多葛派、本雅明和海德格尔哲学中已经表现出对时间完全不同于“现代”时间观的理解。

阿甘本对现代时间观的批评，目的是建立对历史唯物主义哲学的时间概念的新的理解。他认为，马克思没有能够发展出一种与其历史观念相符合的时间理论，对时间的历史唯物主义解释需要借助于传统宗教的经验，要重视吸收本雅明和海德格尔等哲学家对时间的新理解。

总结阿甘本对时间概念的“历史唯物主义”解读，其要义大致可以归纳为以下三点：

第一，时间是间断的、非连续、非线性、非定量的，这种理解不把时间看作是无限的，而是有限的、随时可以中断的。由此来看，时间没有过去和将来，只有一个“现在”。他从本雅明的论述中得到启发，认为“现在”不是一个过渡，而是“时间止步不前的现在”[③]。正因为时间没有过去和将来的持续维度，只有

① 阿甘本.幼年与历史：经验的毁灭［M］.尹星，译.郑州：河南大学出版社，2011:89.

② 同①89-90.

③ 同①97.

在意识中理解的意义，所以他的时间观也是一种非定量的时间观。由此，他也反对基于进步意义上的历史观。

第二，时间是圆满、充实、快乐的，这种时间对立于空洞、同质、无聊的时间。在这个意义上说，不快乐的时间不是真正的时间。他说："亚里士多德认识到快乐相异于对定量持续时间的经验。"①在快乐这种完美的形式中，时间通过现在表现出它的完整性。在他看来，那种不快乐的时间是一种空洞的时间，是时间的中断。进而言之，他推论说："与黑格尔的观点相反，历史只有作为快乐的源泉和场所才对人类具有意义。在这个意义上，亚当在伊甸园的7个小时就是所有真实历史经验的最基本的核心。"②历史不是对持续线性时间的服从，而是从它的自由解脱："是人以其主动性抓住有利时机、选择自己的自由的历史时间和突然连接。"③

第三，时间是弥赛亚救世式的。受到本雅明启发，他认为要确定现代思想理解的新时间观，必须建立在对持续定量时间的批判的基础上。时间不是对历史进步的无限的期待，而是一种"救世式停止"。他认为，通过弥赛亚在每一个个体中的复活，个人才能获得拯救。每一个"现在"都在这种复活中使这种空洞的时间得到充盈和完整，革命者在第一次世界大战后欧洲左翼知识分子的失败中，通过这种弥赛亚时间找到自我拯救的新的方式。阿甘本说："在犹太教的救世时间中，每一秒都是'救世主可能进入的窄门'，因此成为历史观念的典型，这种观念'避免与任何政客坚持的思想达成共谋'。"④因为对一种通过集体政治运动的方式实现解放的途径失望，本雅明回到了一种个体的救世方式，即一种个人主义的方式。阿甘本认为，本雅明虽然在哲学主张上和海德格尔不同，但是他们都对持续的定量时间进行了批判。⑤

以上对阿甘本时间观的内涵进行了初步总结。但是，如何进一步理解他所一

---

① 阿甘本．幼年与历史：经验的毁灭［M］．尹星，译．郑州：河南大学出版社，2011:99.

② 同①100.

③ 同①100.

④ 同①97.

⑤ 同①96.

再强调的弥赛亚时间及其理论渊源呢？他的时间观果真能够补充历史唯物主义的“不足”吗？

（二）剩余的时间：阿甘本的弥赛亚时间观及其理论渊源

本雅明在《历史哲学论纲》一文中曾经说过，历史唯物主义如果与神学结合起来，必将无往不胜。他说：“只要借助于神学之力，它轻而易举就堪与任何人匹敌——而神学，我们知道，今天已形容枯槁，不便再现身于人前了。”[①]阿甘本沿着本雅明的思路，试图从时间的理解上把弥赛亚的时间观与历史唯物主义嫁接起来。他说：“如果历史唯物主义知道如何利用神学，那么它会赢得这场历史战争，打败可怕的敌人。”[②]应该说，阿甘本为了让历史唯物主义哲学获得新的生命力而对弥赛亚时间进行重新解读，其出发点是好的，但这种嫁接很成问题。

在《剩余的时间——解读〈罗马书〉》中，阿甘本通过对保罗思想的解读，揭示出弥赛亚时间的内涵。在他看来，本雅明的时间理解实际上与保罗所理解的弥赛亚时间是一脉相承的。他认为，对《圣经》中《罗马书》的解读，一方面可以进一步明确本雅明的思想渊源，另一方面可以借助于弥赛亚时间的理解补充历史唯物主义之“不足”。

阿甘本所说的弥赛亚时间，其内涵如何理解？在他看来，首先要避免把弥赛亚时间与末世论的时间等同，“最重要的事情就是要纠正这种常见的，把弥赛亚时间简单等同于末世论时间的误读，这种误读把构成弥赛亚时间的特征变得不可思议”[③]。阿甘本批评布鲁门伯格和洛维特，认为他们都在其著作中误读了弥赛亚时间，“两人都错把弥赛亚主义看成了末世论，把终末的时间当成了时间的终末”[④]。

弥赛亚时间是一种“剩余的时间”，也就是“剩余之民”所经历的时间。阿甘本所说的“剩余”不是马克思在其著作中理解的“剩余”。后者强调的是，劳

① 本雅明．本雅明文选［M］．陈永国，马海良，编．北京：中国社会科学出版社，1999:403.

② 阿甘本．剩余的时间——解读《罗马书》［M］．钱立卿，译．长春：吉林出版集团有限责任公司，2011:168.

③ 同②78.

④ 同②79.

动者在必要劳动时间之外创造的超过其劳动所得的那部分价值，它的多少取决于剩余时间的数量，而资本家对剩余时间的剥夺不仅占有了劳动者的自由时间，而且造成了不断积累的资本进一步增大对劳动者进行控制的权力。阿甘本所理解的“剩余”不是数量上的概念：“如果把剩余看作一种数量上的余数或部分，那一开始就搞错了这个问题。好几个神学家都把先知的话理解成宣告犹太人里有一部分会在末日灾难中活下来，或理解成这是指一种在毁灭和救赎之间的过渡。更为误人的是把剩余之民理解为全部的以色列人，因为以色列人是在所有人的末日中被拣选拯救的一族。”①阿甘本将“剩余之民”与马克思的无产阶级概念相类比，认为后者表现出“与作为阶级的自身的不一致”②，这个阶级遭受的是“全然的不正当性”。阿甘本甚至将其与德勒兹所说的“少数民族”联系起来，认为两者有着某种相似性。③

在阿甘本看来，这种“剩余之民”就是领悟了耶稣的教导，并且决心使弥赛亚通过自身而复活的人，也就是可以通过阿佩利斯分割所看到的属灵而非仅仅属肉体的人。④“剩余之民”在弥赛亚的使命感召下，使自身摆脱了俗世之民的状态，“犹太人就像不是犹太人，希腊人就像不是希腊人”⑤。“剩余之民”不是生活在未来某一个未知的被拯救的一刻，而就是生活在当下的“今时”，它“并不是全体以色列人，也不是其中一部分，而是意味着对部分和全体来说都不可能与自身或对方一致。在决定性时刻到来之际，选民，每个民族，都必然要使自己处于一个剩余的状态，一个非全体的状态”⑥。

由此来看，阿甘本理解的“剩余的时间”不是数量上的概念，而是指“剩余之民”通过自身复活弥赛亚精神的“时间”，它不是存在于某个未来的未知的一刻，而就是当下的俗世的时间——“今时”。如果认为剩余的时间存在于未来，

① 阿甘本．剩余的时间——解读《罗马书》[M]．钱立卿，译．长春：吉林出版集团有限责任公司，2011:68-69.

② 同①72.

③ 同①72.

④ 同①63-67.

⑤ 同①66.

⑥ 同①66.

就是把救赎推到未来某一个时刻，也就是把救赎无限延缓。阿甘本明确提出，把弥赛亚时间定位在未来的做法是错误的。[①]

弥赛亚时间并不是在俗世时间之外或者之后的时间，它就是在俗世之中的时间。阿甘本将弥赛亚时间定义为："我们凭借它走向终点，获得我们的时间表象的一种时间。"[②]在他看来，世俗的时间并不是真正的时间，只有弥赛亚时间才是真实的时间。后者是"我们要用来让时间终结的时间：留给我们的时间"，"是唯一真实的时间，是我们所拥有的唯一时间"[③]。阿甘本不厌其烦地强调弥赛亚时间的"真实性"，实际上，他在这里把处在复活弥赛亚精神之外的活动的时间全部纳入无意义的、空洞的、世俗的时间范围。这种对时间的绝对化理解严重忽视了人类其他实践活动的价值。

阿甘本还通过"预兆"和"统摄"这两个概念解释弥赛亚时间。关于"预兆"概念，他指出，保罗说到以色列历史中的事迹："我们的祖宗从前都在云下，都从海中经过，都在云里、海里受洗归了摩西……但他们中间，多半是神不喜欢的人，所以在旷野倒毙"[④]，祖先们在遭遇这些事之后都会以此为鉴戒，并写在经上，昭示后人。在《罗马书》中又谈到，罪恶通过亚当来到世上，亚当则是"以后要来之人的预像"。阿甘本指出，在这些过去发生的事件和未来之间，存在着预示论关系。通过这种关联，表现出一种张力，"过去世代与将来世代的两个终结彼此缩减到对方之中，但并不重合，这种面对面遭遇，这种缩减，就是弥赛亚时间"[⑤]。在这个张力地带，"过去（完成式）重新发现了现实性并成为有待实现的东西，而现在（未完成时）获得了某种实现"[⑥]。

阿甘本还把弥赛亚时间理解为一种"统摄"。保罗在《以弗所书》中说：

---

① 阿甘本．剩余的时间——解读《罗马书》[M]．钱立卿，译．长春：吉林出版集团有限责任公司，2011:97.

② 同①84.

③ 同①84.

④ 转引自阿甘本．剩余的时间——解读《罗马书》[M]．钱立卿，译．长春：吉林出版集团有限责任公司，2011:91-92.

⑤ 同①93.

⑥ 同①93-94.

“要照所安排的，在日期满足的时候，使天上地上一切所有的，都在基督里面同归于一。”[①]阿甘本认为，这段话表现出一种对天地间一切事物的“即时统摄”，它和克尔凯郭尔所讲的恢复或拯救、尼采所讲的永恒轮回、海德格尔所讲的重复等具有相似性。这种统摄也是预示论的另一面，它把过去的总体都涵括在当下。阿甘本认为，这种统摄也构成了作为全体的剩余的基础。他说：“三个‘剩余’在哥林多前书13：13里的东西（‘如今常存的有信，有望，有爱’）并不是心灵的状态，而是三座弯起来支撑和实现弥赛亚时间经验的拱桥。”[②]

阿甘本通过解读，向我们展示了他所理解的弥赛亚时间的含义。它是一种试图把过去和天地间一切事物涵括在当下的时间，又是一种试图通过弥赛亚的复活而获得拯救的时间。在这种解读中，阿甘本完全没有解释马克思对时间概念的理解，而是极为细致地讨论保罗的话。他在时间概念史的考察中也说过，马克思没有发展出一种时间理论。这说明他对马克思的时间概念完全一无所知，而不是有意忽视。另外，他对“剩余”时间的解释与马克思的剩余时间也没有任何关系，而且多有歧义，显得牵强附会。

众所周知，海德格尔的时间理解是指向将来的，他后来把时间理解为澄明着的将来、曾在和当前的相互达到，这一理解也被称为本真的四维时间。[③]阿甘本理解的不同之处在于，他通过意识把过去、现在和将来统一到一起，但是，并不寄希望于将来，而是要把目光投向现在，意图通过“突然连接”和果断行动对现实作出改变。但是，他的这种行动并非马克思意义上的实践[④]，而是一种个人构境式的理解上的改变。[⑤]

这种对时间的“新理解”其实来自本雅明。阿甘本通过对文本的解读，认为在保罗和本雅明之间存在着思想上的亲缘关系。本雅明在《历史哲学论纲》中曾

---

① 阿甘本．剩余的时间——解读《罗马书》[M]．钱立卿，译．长春：吉林出版集团有限责任公司，2011:94.

② 同①96.

③ 海德格尔．海德格尔选集：上［M］．孙周兴，选编．上海：上海三联书店，1996:676-677.

④ 唐正东．有原则的实践：马克思实践概念的应有之义及当代意义［J］．马克思主义与现实，2014（3）.

⑤ 张一兵．孤离的神姿：阿甘本与德波的《景观社会》［J］．马克思主义与现实，2013（6）.

说："作为典型的弥赛亚式时间，现在包含着整个人类的历史，是整个人类历史的一个巨大的缩略物。它与人类历史在宇宙中的地位正相仿佛。"[①]阿甘本认为，本雅明的思想和保罗的弥赛亚主义（"天上地上一切所有的，都在基督里面同归于一"）存在着高度的相似性。他指出，本雅明的弥赛亚主义思想中朝向过去的特征倾向，其根源也在保罗这里。阿甘本在《剩余的时间》最后引用本雅明的一段话说明他的弥赛亚主义："每个现时都是一种特定的可知的现时，其中真理和时间一起被推向其极限。（正是在这爆炸点上张力消亡了，同时诞生了本真的历史时间，真理的时间。）并不是对过去的认识指引着对现在的认识，也不是反过来；而是说，在意象内，已有的东西一瞬间和现时结合在一起，构成一个整体——意象便是这样的东西。换言之：意象是停止的辩证法。……只有辩证的意象才是真正历史的——而非过时的——意象。得到解读的意象——也就是在其可辨认的现时中的意象——把充满危机的关键时刻之印记突显到极致，一切解读都建立在这个基础上。"[②]在阿甘本看来，本雅明的"辩证的意象"是弥赛亚主义的典型表现，也是理解弥赛亚时间的关键。他认为，辩证的意象把过去和现时结合起来，它不仅达到了本真的历史时间，而且真理在其中也一并展示出来。在这个似曾相识的"意象"里，我们似乎又听到了黑格尔"绝对精神"在现代哲学中的回声。

（三）对阿甘本时间观的批评

阿甘本认为，最真实的时间是一种解放的时间经验，这是一种当下即是的、自由自在的、像神一样逍遥的时间，"它采取突然连接的模式，抓住机遇作出决策，生活便在瞬间得以实现"[③]。这是一种理想的时间，"在这个时间中，圣贤主宰自身的命运，像永生的神自由自在"。阿甘本通过阐释诺斯替教、斯多葛派

---

① 本雅明．本雅明文选［M］．陈永国，马海良，编．北京：中国社会科学出版社，1999:414；又见于阿甘本．剩余的时间——解读《罗马书》［M］．钱立卿，译．长春：吉林出版集团有限责任公司，2011:173.

② 阿甘本．剩余的时间——解读《罗马书》［M］．钱立卿，译．长春：吉林出版集团有限责任公司，2011:177.

③ 阿甘本．幼年与历史：经验的毁灭［M］．尹星，译．郑州：河南大学出版社，2011:96.

和保罗书信，特别指出了这种不同于线性时间的理解模式的意义。

由以上的解释可以看出，阿甘本提倡的真实的时间经验是圣贤所能达到的一种理解。也就是说，只有像圣贤那样把古往今来聚集在自我意识中，体会到时间的充实意义，他的时间经验才是真实的。相反，那些只是忙于劳作的人，不管创造出多少有价值的作品，因为不能把古往今来的时间聚集到一起，所以，他们无法经验到这种时间，也无法体会到这种时间感带来的自由和解放的感觉。他们是生活在线性时间经验中的空洞的存在，无法达到一种真正的解放。

阿甘本所说的这种解放是真实的解放吗？在思想上达到一种博学的理解固然很深刻，也能实现某种高境界，但这仅仅表现为心灵的自由和解放，还不是现实生活的自由和解放本身。实现生活的自由和解放必须通过具体的实践才能达到，而不是仅仅依靠思想来达到。马克思在《德意志意识形态》中曾说，解放不是语词活动，而是一种现实的变革的运动。①也就是说，只有通过现实的实践方式，才能消除来自物和强权造成的奴役和束缚，实现真正的自由和解放。

阿甘本所说的这种时间经验是真实的吗？笔者认为，聚集式的综合理解固然是一种真实的时间经验，但是，最真实的时间经验并不全是这种达到类似本雅明的意象的时间经验。在具体的实践活动中，通过劳动创造出有价值的产品，同样属于真实的时间经验。例如，当陶渊明在乡间劳作的时候，那种“采菊东篱下，悠然见南山”的忘我境界，不是充实且真实的时间经验吗？当劳动者在车间里生产出生活必需品时，这不是很有意义且真实的时间经验吗？在阿甘本所说的那种聚集式的理解中，时间经验仅仅表现为一种意识的存在，生存却没有发生实际改变。而只有在日常生产和生活的实践中，才能带来当下生存的真正改变。这一指向善的价值创造活动，不仅是充实精神的表现，而且带来实际的生存的自由。这种具体的实践性时间的理解在马克思的论述中非常多见。例如，在《1861—1863年经济学手稿》中，马克思明确指出：“时间实际上是人的积极存在，它不仅是人的生命的尺度，而且是人的发展的空间。”②

阿甘本所说的时间经验是革命的吗？他自己多次说，这种不同于线性的时间

① 马克思，恩格斯 . 马克思恩格斯文集：第 1 卷［M］. 北京：人民出版社，2009:526-527.

② 马克思，恩格斯 . 马克思恩格斯全集：第 47 卷［M］. 北京：人民出版社，1979:532.

经验是革命的。例如，在《幼年与历史：经验的毁灭》中，他说：“真正的历史唯物主义并不追寻沿着无限的线性时间持续进步的空洞幻想，而是在任何时候都准备停止时间，因为它铭记人类的原始家园是快乐。在真实革命中所经历的正是这种时间，如本雅明所记忆的，这些革命一向都是以时间的终止和年代的中断来体验的。”[①]

这种时间经验因为综合了历史和当下，也可能具有某种批判性，由此具有一些革命性。但是，这种批判的深刻性如何？它是否抓住了问题的关键？在这里需要打一个问号。

马克思曾经在评价费尔巴哈思想的时候说，费尔巴哈之所以在理解历史的时候陷入唯心论，是因为他不是把实践理解为变革世界的感性的活动，而仅仅是一种理论活动。阿甘本对实践的理解实际上主要也是一种理论的活动，而不是具体的变革世界的物质活动。因此，他的错误和费尔巴哈属于同类。因为对实践理解的抽象性，不管是哪个时代的思想家，所犯的错误都会是一样的。阿甘本也没能够摆脱费尔巴哈的窠臼，陷入一种美好的革命幻想的狂热中。弥赛亚时间的幻想所提倡的爱和费尔巴哈的爱有何区别呢？脱离人民群众的具体实践，希望通过这种爱解放世界，只能是一种主观臆想。

阿甘本试图借助宗教思想改造历史唯物主义，这一目的值得赞赏，但是方法值得商榷。这种重建历史唯物主义的方式严重扭曲了马克思本人的意愿，从而走向了歧途。

那么，如何理解阿甘本时间观的局限性？笔者认为，他的时间观的局限性主要表现在：忽视时间的客体维度，对时间的主体维度的理解太狭隘。在他的时间理解中，因为忽视劳动者的物质生产实践，时间的客体维度完全缺失了。他所理解的时间的主体维度也没有作为具体行动的集体的社会和政治实践，只有作为沉思和构境的个体的圣贤式实践。同时，阿甘本否定对社会运动的辩证理解，主张一种本雅明式的静止的辩证法。因此，他的时间观就成为思辨意义上的静止的“辩证”时间观，而不是社会意义上的运动的辩证时间观。否定作为社会运动的发展辩证法，用一种剩余之民救世学的静止辩证法无法理解马克思的辩证时

① 阿甘本．幼年与历史：经验的毁灭［M］．尹星，译．郑州：河南大学出版社，2011:100.

间观。

马克思的时间观究竟是一种怎样的时间观？笔者认为，它是一种综合了主体时间和客体时间双重维度的科学的时间观。它的主体维度在于：通过理解的实践、参与政治斗争的实践和日常生产生活实践等途径把社会理想和现实联系起来，使其在思想和个体行动中体现出来。这就是主体的维度。它的客体维度在于：每一个劳动者通过其物质性生产实践的时间性展开，既实现了自身的价值，也为他人提供了满足个体需要的产品。随着生产力的提高，全社会用于社会必要劳动的时间大大缩短，这为自由时间的产生创造了条件。建立在这种客体意义上的作为生产结果的时间的积累使人们不断突破必然王国的限制，从而也为最终走向自由王国奠定了物质基础。

另外，需要特别说明的是，马克思哲学的一个重要维度是沿着亚里士多德物理学所代表的客体方向前进的。在《神圣家族》中，马克思曾经谈到，笛卡尔的物理学代表着唯物主义方向，被法国机械唯物主义所“附和”，并且与笛卡尔自己的形而上学相对立。[①]马克思对物理学方向的继承并未停留在原来的水平，而是克服了物理学所表现出的单纯的客体的维度（即胡塞尔批评的物理主义的客观主义）。在《关于费尔巴哈的提纲》中，马克思指出了旧唯物主义的缺陷，认为其只是从客体或者直观的形式出发理解现实，而没有将其当作实践活动的结果加以理解。[②]新唯物主义哲学既坚持了对亚里士多德和笛卡尔物理学方向的继承，又克服了旧唯物主义哲学单纯重视客体性、忽视主体性的缺陷，从而把唯物主义的世界观推进到社会历史领域。而阿甘本在批判物理学时间的同时，没有能够贯彻唯物主义的原则，只是简单地否定亚里士多德的物理学的时间，而没有坚持物理学时间所具有的客体的维度，陷入了只重视主体维度的唯心主义的窠臼。

总之，只有理解了马克思时间概念的两个维度，才能说完整把握了他的辩证时间观。一个马克思主义者理解的时间，不应该只有主体的维度而缺失客体的维度。如果缺失客体的维度，也根本无法正确理解马克思所说的“现实”或“主体”。阿甘本偏离了马克思主义的主、客体时间统一的方向，走向了单纯强调

① 马克思，恩格斯．马克思恩格斯文集：第1卷［M］．北京：人民出版社，2009:328.

② 同①499.

主体维度的时间的道路。在这个意义上说，他的哲学不能说是对马克思主义的发展，而是一种严重的误解和扭曲。

二、本真时间：海德格尔时间观批判

海德格尔对时间概念的诠释在现代哲学中占有非常突出的地位，它不仅是对传统哲学的批判，而且深刻地影响着当代哲学的发展。那么，如何进一步理解在马克思之后的现代哲学，尤其是海德格尔的时间概念呢？以下将对其进行简要分析和评价。

青年海德格尔很早就关注到时间概念。在1924年7月一次关于时间概念的演讲中，他对时间概念提出了不同于传统思想的新的诠释。他认为，神学从永恒的角度理解时间，物理学从科学的角度否定绝对时间和绝对的同时性，哲学则根据时间来理解时间。[①]海德格尔提出，他的讨论既不是神学的，也不是哲学的和科学的，而是前科学（Vorwissenschaft）的。[②]

在青年海德格尔看来，可以通过解读“此在”的本质理解什么是时间。和笛卡尔主客二元对立的结构不同，此在（Dasein）的存在建构是“在-世界-中-存在”（In-der-Welt-sein），它意味着此在与世界打交道，与世界中的各种存在者交往和发生关联。一句话，此在通过与世界内的人和物发生许多联系，也产生各种各样的活动。就海德格尔此处所说的“打交道”的广泛程度而言，大致和马克思所说的“实践”是重合的，尽管各自强调的重点有所不同。海德格尔也认为，此在是通过“打交道”表现出自己的本质的。

海德格尔提出，此在就是时间，更确切地说，就是时间性。[③]所谓时间性，就是不断发生的事件的现实化。当此在受到“常人”的统治追随潮流和时尚的时候，它并不拥有时间。只有当此在处在本真的生存状态，它才拥有时间。何谓本

---

① 海德格尔．海德格尔选集：上［M］．孙周兴，选编．上海：上海三联书店，1996:7-9.

② 同①8.

③ 同①24.

真的生存状态？就是“构成其最极端的存在可能性的东西”[①]。也就是，此在向着将来存在的“先行”，是向着此在最本己、最极端的可能性的“先行”[②]。这时候的存在可以说是本真的状态。海德格尔说：“将来存在给出时间，构成当前，并且让过去重演在它所度过的存在的‘如何’中。……时间的基本现象是将来。”

在《时间概念史导论》（1925年）中，海德格尔认为传统形而上学（尤其是以笛卡尔为代表的理性形而上学）对存在或者实在的理解失之偏颇。传统形而上学主要在现成性的意义上理解这个世界。海德格尔说：“当笛卡尔一般地追问一种存在者的存在时，他就是在传统的意义上追问实体（Substanz）。当他谈论实体时，他通常是在严格的意义上谈论实体性（Substanzialität）……”[③]这里所说的实体性就是现成可见性（Vorhandenheit）。海德格尔认为，这种把握实体性的方式是感性知觉，它仅仅把物体之存在理解为广延（extensio）。笛卡尔和康德都是在这个意义上理解物体的存在。这种理解方式建立在看（视觉）的基础上，由此形成了理解存在的理论化的片面方式。重要的是，在他看来，现象学也受此影响，跳过世界的世间性去理解存在者的存在。同时，人也被规定为理性的动物（homo animal rationale，“人是理性的动物”）。为了突破这种对存在者之存在的狭隘理解，海德格尔肯定外部世界存在的真实性，主张“以现象学的方式直接把自己置身于日常的与物打交道的进程和与物相交通的境遇之中（而这种进程和境遇是相当不引人注目的），且以现象学的方式去描述当此之际所显现出来的东西”[④]。由此可见，海德格尔批判了传统形而上学对“存在”和“时间”的理解，提出了新的观点和研究思路。这一思路深化了对问题的理解，具有十分重要的理论意义。

在海德格尔之前，马克思已经批评过仅仅“从客体的或者直观的形式”去理解“对象”、“现实”和“感性”的传统思路。[⑤]实际上，这一批评针对的也是

---

① 海德格尔．海德格尔选集：上［M］．孙周兴，选编．上海：上海三联书店，1996:16.

② 同①17.

③ 海德格尔．时间概念史导论［M］．欧东明，译．北京：商务印书馆，2009:234.

④ 同③258.

⑤ 马克思，恩格斯．马克思恩格斯文集：第 1 卷［M］．北京：人民出版社，2009:499.

笛卡尔和康德的理解方式。从客体的角度理解对象就是从现成性的角度理解存在，从直观（理论地“看”）的形式理解对象就是理论化地理解。马克思要求从“实践”的角度理解“对象”、“现实”和“感性”，也就是从人的现实活动的角度理解“存在”，这和海德格尔要求从此在与人和物打交道的进程与关联的角度理解存在者之存在的方向是一致的。

但是，接下来的解释就显示出重大的差异。马克思的实践方式是以物质生产劳动为基础的，海德格尔的此在之存在结构则是以“操心”（Sorge，另译烦、牵挂）为基础。这种“操心”和马克思的“实践”之间存在着很大不同。“操心”的最重要维度是先行到自身的极端可能性中去的将来存在，而要达到这种本真的能在的途径则是理解。可以发现，海德格尔绕了一圈，本来是批评理论的态度，自己却又不得不回到理解的方式。于是，马克思对时间的理解表现为以劳动时间和自由时间为基础的历史的发展，海德格尔对时间的理解则主要表现为以“理解”的时间性和遗忘存在的时间性为基础的历史性呈现。海德格尔说：“并不是时间存在，而是此在qua（取道于）时间生成它的存在。”[①]如果此在达到了“理解”的境界，就拥有了本真的时间，反之如果遗忘了存在，则落入“常人”的时间中去，从而“失去”了时间。

在《存在与时间》（1926年）中，海德格尔进一步完善了他的理论和解释，尽管这一写作计划最终并未完成。他对时间的解释仍然坚持了先前的观点，只是更加细化了。海德格尔认为，此在的本质在于生存[②]，生存的过程就是此在的时间性展现自身的过程。所谓生存，就是“以其存在本身为本旨的有所领会的能在”[③]。海德格尔强调，此在是有别于石头那样的物的存在，不能在“事实上的现成存在”的意义上理解它[④]，而要将其理解为“可能性”存在。尽管如此，它是根据自身的基本建构——在世界之中存在——去“现实”地理解生存的。此在首先是“我”（向来我属性）的存在，其次它的在世的方式是各种各样的。这些

---

① 海德格尔．时间概念史导论［M］．欧东明，译．北京：商务印书馆，2009:447.

② 海德格尔．存在与时间［M］．陈嘉映，王庆节，译．北京：生活·读书·新知三联书店，1999:49.

③ 同②268.

④ 同②65.

方式用“操劳”（Besorgen）和“操持”（Fürsorge）的概念来表示。所谓“操劳”，是指把握“寓于上手事物的存在”的方式，海德格尔举了很多例子：“和某种东西打交道，制作某种东西，安排照顾某种东西，利用某种东西，放弃或浪费某种东西，从事、贯彻、探查、询问、考察、谈论、规定，诸如此类。”[①]甚至包括“残缺的样式”，例如委弃、耽搁、拒绝、苟安等。所谓“操持”，是指把握与他人的共在的方式。海德格尔也举了一些例子，如实际社会福利事业。但是“操持”往往表现为“残缺”和“淡漠”的样式，例如“互相怂恿、互相反对、互不需要、陌如路人、互不关己”[②]。无论是“操劳”还是“操持”，都属于“操心”的不同的表现方式。

海德格尔所说的“时间性”是通过此在不同的世间活动方式呈现出来的，而“操心”这种存在建构几乎涵括了所有此在的世间活动方式。于是，时间性的展露完全表现在“操心”的时间性。海德格尔对“操心”概念下了一个比较完整的定义：“先行于自身的-已经在……中的-作为寓于……的存在”[③]。“操心”的这三个维度分别对应于作为“将在”的“生存”、作为“现在”的“实际性”和作为“曾在”的“沉沦”（verfallen）。从外延上来看，“操心”这个概念和马克思的“实践”概念有些相似，但是海德格尔认为，这并不是用来表示实践行为相对于理论行为具有优先地位。他说：“通过纯粹直观来规定现成事物，这种活动比起一项‘政治行动’或休息消遣，其所具有的操心的性质并不更少。‘理论’与‘实践’都是其存在必须被规定为操心的那种存在者的存在可能性。”[④]海德格尔的意思很清楚，“理论”和“实践”都隶属于“操心”，两者的地位是平等的，不存在何者优先的问题。这个观点显然和马克思不同。在《德意志意识形态》中，马克思（和恩格斯）一开始就提出，在人们从事其他活动之前，首先要解决吃喝住穿的问题。[⑤]这就明确地把物质生产活动摆在了优先的位置。要解

① 海德格尔．存在与时间［M］．陈嘉映，王庆节，译．北京：生活·读书·新知三联书店，1999:66.

② 同①141.

③ 同①226.

④ 同①223.

⑤ 马克思，恩格斯．马克思恩格斯选集：第1卷［M］.3版．北京：人民出版社，2012:158.

决生存问题，就要通过付出一定的劳动时间来实现，而不是通过思辨和想象活动的时间来实现。

后期海德格尔对时间概念的理解发生了很大变化，他不再像青年时期那样从此在之存在的角度考察存在，而是试图从“存在”自身进行考察。这一转变的关键是：“此在”不再处在理解存在的中心位置。他在《时间与存在》（1962年）中说：“不顾存在者而思存在的企图是必要的，因为否则，在我看来，就不再能够合乎本己地把今天那些围绕地球而存在的东西的存在纳入我们的视野，更不用说充分规定人与那种一直被叫作‘存在’的东西的关系了。”[①]早在《关于人道主义的书信》（1946年）中，海德格尔已经开始了这一转变。他说：“语言是存在的家。人以语言之家为家。思的人们与创作的人们是这个家的看家人。”[②]由此可见，海德格尔已经把此在放在一个“看家人”的位置上，并试图更全面地理解时间和存在问题。正是在这封信中，海德格尔高度评价了马克思对历史的理解，认为它“比其余的历史学优越”[③]。

后期海德格尔既然不再从此在和此在之操心的角度出发理解时间，那么，他怎样理解时间概念？和先前一样，海德格尔反对把时间理解为线性的“现在”的前后相继。[④]这种理解把时间概念简单化了，它过度强调了“现在”的维度。时间变成了“现在”的流动，由此造成的是对“现成性”的过度重视。在他看来，“常人”就是在这个意义上理解时间的。只有理解了本真的时间，才能克服“现成性”意义上的时间概念。

海德格尔认为，本真的时间是通过“在场”和“不在场”的状态显示出来的。“在场”是存在并活动着的“持存”[⑤]，“不在场”也同样存在并活动着。后者包括两种情形，一种是“不再现在的”曾在（Gewesen），一种是正在“走向我们”的“尚未当前”（将来）。所谓本真的时间，是指“从当前、过去和将

① 海德格尔．面向思的事情［M］．陈小文，孙周兴，译．北京：商务印书馆，1999:2.

② 海德格尔．海德格尔选集：上［M］．孙周兴，选编．上海：上海三联书店，1996:358.

③ 同②383.

④ 同①13.

⑤ 同①14.

来而来的、统一着其三重澄明着的到达的在场之切近”[①]。本真的时间具有四个维度，当前、曾在（过去）和将来构成其三维，另一维则是指“各维之间的相互传送”（Zuspiel）。[②]和青年时期相比，这一对时间概念的理解不再把“将来”作为优先的或首要的维度。他也不再从“此在”的角度，而是从“存在”自身的“在场”和“不在场”的角度理解时间概念。与此相关，这个“存在”也不再是从“此在”出发去理解，而是从本真的四维时间出发理解的。

总而言之，后期海德格尔也和青年时期一样，提出了本真的时间概念，但是前后的理解完全不同。青年海德格尔把本真的时间理解为“先行”到“将来存在”中去的“能在”的时间性展开，而后期海德格尔则认为本真时间是当前、曾在和将来及其三维之间的“相互传送”。相对于青年时期，后期海德格尔对本真时间的理解考虑到了此在之外的他者的存在，避免了重新陷入主体形而上学的窠臼。应该说，后期海德格尔的思想是对青年时期观点的纠偏，具有积极的意义。

从实践唯物主义哲学的角度来看，海德格尔虽然力图克服主体形而上学的局限，但是，由于他并没有把物质生产活动理解为“实践”的主要内涵，因此就无法正确评估工商业活动对于历史发展和人类解放的积极意义。他事实上把理解的活动看作更具有决定意义的实践。在他看来，要理解历史性必须回到理解此在的时间性，因为时间性就是历史性。历史的发展不是表现为生产力和生产关系、经济基础和上层建筑之间的矛盾运动，而是表现为“常人”的生活和本真生活的矛盾。因为把“理解”当作最重要、最基础的实践方式，所以海德格尔的历史观无法达到唯物史观的高度。他虽然肯定了现实世界的真实性，但是“生存”哲学因为不能理解真实发生的历史，只能停留在形而上学的唯物主义水平。

海德格尔在哲学方法上也具有很大的局限性。他批评笛卡尔主义哲学对“事情”理论化的“看”的态度，主张一种前理论的理解和解释，也就是通过领会人的在世活动或者“本有”（Ereignis）的意义而让真理被揭示出来。相对于传统形而上学的直观方法来说，理解和解释的方法具有积极意义。但是，海德格尔拒绝接受辩证法。他说：“人们让矛盾存在，甚至使其尖锐化，并且试图把自相矛

① 海德格尔．面向思的事情［M］．陈小文，孙周兴，译．北京：商务印书馆，1999:19.

② 同①18.

盾的、从而分崩离析的东西共同编排在一个无所不包的统一体中。人们把这种方法叫作辩证法。”在他看来，把关于存在和时间的相互矛盾的陈述统一起来，这样做无法达到真理，它不过是“一条逃避事情和实情的道路”[①]。由此可见，因为方法的局限，海德格尔虽然重视事物之间的相互联系，但是他看到的只是事物之间的一般的关系，而不是反映社会发展真实内涵的本质关系。受此影响，那种推动历史发展的社会矛盾和资本主义的生产关系始终没有进入海德格尔的理论视野，他的“批判”只是停留在软弱无力的本真的呼吁，他所说的“解放”也只能是“以阐释方式进行的此在的解放”[②]。

三、实践概念：伽达默尔和马克思

关于实践概念的理解存在着诸多分歧。马克思把实践的基础内容确定为“物质生产”或“物质行动”，但是这并非全部。孙伯鍨先生对马克思的实践概念做了较为全面的总结，他认为，“马克思的实践范畴是指在一定社会关系形式下实现的人和物、主体和客体相统一的能动的生活过程”[③]。与之相左，伽达默尔则指出，实践在今天“堕落为技术”，并且“总的倾向于社会的非理性”[④]。因此，他要求重新恢复一种实践概念。这种实践概念的“对立者”是“生产”[⑤]。这两种形态的实践概念究竟该如何评价？我们究竟需要回到怎样的实践概念？以下将围绕这些问题展开分析。

① 海德格尔．面向思的事情［M］．陈小文，孙周兴，译．北京：商务印书馆，1999:4.

② 海德格尔．存在与时间［M］．陈嘉映，王庆节，译．北京：生活·读书·新知三联书店，1999:345.

③ 关于马克思实践概念内涵的精彩分析，参见：孙伯鍨．马克思的实践概念——纪念《关于费尔巴哈的提纲》写作 150 周年［J］．哲学研究，1995（12）；张一兵、姚顺良和唐正东等教授围绕此问题所作的精彩讨论，参见：实践与物质生产——析马克思主义新世界观的本质［J］．学术月刊，2006（7），也从不同角度深化了对实践概念的理解。

④ 伽达默尔．科学时代的理性［M］．薛华，等译．北京：国际文化出版公司，1988:65.

⑤ 同④80.

（一）伽达默尔：作为生产对立者的实践

生态危机的出现在今天已经是不争的事实，伽达默尔在《科学时代的理性》中就曾提请人们关注这个问题。他认为，在当前的处境下，我们更需要一种“实践理性”以认识到“技术合理性的极限”。伽达默尔说：“我们的经济和技术在我们迄今遵循的道路上潜在地有着过度发展的趋势，在可预见到的未来，这会导致地球生命的毁灭。”①在他看来，现在的危机是因为经济和技术在近代的“过度发展”造成的，而且，社会文明的发展模式也发生了变化，社会生活受到了越来越多技术上的控制。伽达默尔还说：“因为二十世纪是第一个以技术起决定作用的方式重新确定的时代，并且开始使技术知识从掌握自然力量扩转为掌握社会生活，所有这一切都是成熟的标志，或者也可以说，是我们文明危机的标志。”②

伽达默尔把造成当前危机的原因归于一种不合适的观念——建造的观念。他说：“艺术和手工制品与自然提供的模型之间旧有的关系，因此被转变成一种关于建造的观念，成为关于按照某种想法人为创造一种自然的观念。这就是最终使我们生活于现代社会文明模式之中的东西。隐藏在机械论科学观中的构造观念已在巨大的范围内推广开来。它使得机械化、对自然进行的转化以及对空间的开发都在本质上成为可能。”③

人类面临的危机如此严峻，伽达默尔主张转变观念，改善现有的文明模式。他认为，由科学而来的传统，追求的是一种“客观认识的理想”，它所崇拜的价值是客观性。伽达默尔尊重科学的这一合理诉求，但是，他认为仅仅这样是有缺陷的，并提出用参与者的理想补充客观认识的理想④。与参与者的理想相适应的是，通过对话模式获得真理。他说：“对话模式可以阐明这种参与形式的结构，因为对话也是由此表明，对话者并非对对话中出现的东西视而不见并宣称唯有自己才掌握语言，相反，对话就是对话双方在一起相互参与着以获得真理。”⑤

---

① 伽达默尔．科学时代的理性［M］．薛华，等译．北京：国际文化出版公司，1988:74.

② 同①63.

③ 同①62.

④ 伽达玛．理性・理论・启蒙［M］．台北：结构群文化事业有限公司，1990:60.

⑤ 同④60.

为了克服当代危机，伽达默尔认为必须恢复传统的实践概念，以增进人与人之间的相互理解和团结。他说：“实践就是引导自身并在团结中行动，然而团结是整个社会理性的决定性的条件和基础。”①在谈到盖伦对体制的怀旧情结以及想要“远离争论”时，伽达默尔认为这是行不通的，主张要“思考实践的交往特性”。他说：“我们必须自己寻找出路：这出路就是理解，就是一体性。”②

相应地，伽达默尔在著作中高度赞扬亚里士多德所作的贡献，他说：“亚里士多德把包括政治学在内的实践哲学置于同理论的理想和理论哲学的相互设定关系之中，由此而发展了实践哲学。因此，他把人的实践提到一种独立的科学领域。”伽达默尔如何理解实践概念呢？他认为，有关实践的世俗观点受到现代科学概念的过度影响，人们“被驱使着按照科学应用的思路”去理解实践概念③。在和卡斯滕·杜特的谈话中，他谈及对实践的理解，“不能只是理解为科学理论的实践性运用。……可以肯定的是对理论的运用也属于我们的实践。但是，这并不就是一切。‘实践’还有更多的意味。它是一个整体，其中包括了我们的实践事务，我们所有的活动和行为，我们人类全体在这一世界的自我调整——这因而就是说，它还包括我们的政治、政治协商，以及立法活动。我们的实践——它是我们的生活形式。在这一意义上的‘实践’就是亚里士多德所创立的实践哲学的主题”④。他在另一处也印证道：“‘实践’意味着全部实际的事物，以及一切人类的行为和人在世界中的自我设定；此外，属于实践的还有政治以及包括在政治中的立法。”⑤伽达默尔还认为，不能把理论视为实践的对立者。他引用亚里士多德的思想，指出理论也是一种实践，“在最高的意义上，只有那种活动于思想领域，并且仅仅为这种活动所决定的人，才可以被称作为行动者”⑥。从文中可以看出，伽达默尔采纳了亚里士多德的主张，认为理论是“最高贵的实践类型”⑦。

---

① 约翰逊 . 伽达默尔［M］. 何卫平，译 . 北京：中华书局，2003:89. 另见伽达默尔 . 科学时代的理性［M］. 薛华，等译 . 北京：国际文化出版公司，1988:76.

② 杜特 . 什么是实践哲学——伽达默尔访谈录［J］. 金惠敏，译 . 西北师大学报（社会科学版），2005（1）:7-10.

③ 伽达默尔 . 科学时代的理性［M］. 薛华，等译 . 北京：国际文化出版公司，1988:61.

④ 同②10.

⑤ 伽达玛 . 理性·理论·启蒙［M］. 台北：结构群文化事业有限公司，1990:60.

⑥ 同③78.

⑦ 同③80.

这里值得注意的是，伽达默尔认为实践的对立者不是理论。理论是一种特别的实践，它是实践中最高贵的类型。但是，他认为，实践有其对立者，那就是“建基于知识之上的生产，即为政治生活提供了经济基础的‘制作’（Poiesis）”[①]。从事“制作”的人可以不是低等的奴隶，而是一些自由人。自由人的生产或者“制作”并不属于实践。他截然划定了两个领域，一方面是实践知识，另一方面是“专家们的获得性技能”[②]，即表现为技术的那些技能。在这里，他完全采纳了亚里士多德关于实践和“制作”（生产）的区分。后者认为，实践以自身为目的，“制作”则以自身之外的东西为目的，因此，“制作”（生产）的意义相对来说较为次要。

尽管伽达默尔没有贬低生产或者制作的意图，但是，他确实认为，生产或者制作是科学技术发挥作用的方式，这表现为对生活世界的全面控制。科学技术本身缺乏思考的能力，今天所出现的生态危机以及未来将要出现的灾难性后果与此有关。伽达默尔之所以强调实践和实践智慧对科学技术的补充作用，就是想要用这种实践知识弥补现有文明模式的缺陷。不仅要注重生产的发展，同时要把这种生产与人类之善联结起来，让人们始终保持明智，增进彼此的理解和团结。

（二）马克思：以生产为基础内容的实践

从以上阐述可以看出，伽达默尔把生产摆在和实践相对立的位置。这一做法直接沿袭了亚里士多德的理论思路。自笛卡尔以来的人文主义思想家，常常会忽略生产或者劳动的作用。其中部分原因在于，他们把理想化的人或者不真实的人放在哲学的核心位置并就此展开思辨。马克思在其哲学中从具体情境下的生产者出发，展开对历史发展的分析，从而充实了实践概念的客体内涵。

在马克思之前，德国哲学家已经对宗教和黑格尔哲学展开过激烈的批判。马克思认为，宗教和唯心主义所赞颂的那个世界空洞抽象，哲学的迫切任务是“揭露具有非神圣形象的自我异化”[③]。他提出，德国的新理论要“从现实的生活胚

① 伽达默尔．科学时代的理性［M］．薛华，等译．北京：国际文化出版公司，1988:80.

② 同①80.

③ 马克思，恩格斯．马克思恩格斯选集：第1卷［M］.3版．北京：人民出版社，2012:2.

芽出发”，而不是从“脑壳”里产生出来。对于德国人来说，当前迫切需要“使哲学成为现实”[①]。但是，理论需要并不会直接成为实践需要，马克思指出了改革存在的“重大困难”，即德国缺乏变革的“物质基础”[②]。由此可见，马克思并不是一个天真的浪漫派，他不仅重视对现实的认识，而且十分重视现实所提出的要求以及变革现实所依据的条件。

马克思提出，唯心主义和唯物主义哲学出现的理论性对立，“只有通过实践方式，只有借助于人的实践力量”才能解决。不应该继续把解决这种理论的对立看作认识或者理论的任务，而应该看作是“现实生活的任务”[③]。这里的“实践”概念主要是指“现实”“实际”，区别于远离现实的理论思辨。

马克思的实践概念不仅是指“现实”，也指“感性的人的活动”或者“对象性的活动”。他在《关于费尔巴哈的提纲》中描绘了新哲学的构想，重点分析了费尔巴哈哲学的局限性，阐述了对感性、真理、人性、社会等方面的理解。传统的唯物主义哲学，“对对象、现实、感性，只是从客体的或者直观的形式去理解，而不是把它们当作感性的人的活动，当作实践去理解，不是从主体方面去理解”。费尔巴哈批判了黑格尔，把目光从“思想客体”转向“感性客体”，但是，他没有能够“把人的活动本身理解为对象性的活动”。[④]

以上所说的“实践”概念，其含义可以分为两个层面：一个是相对于彼岸世界和观念世界的“现实”；一个是相对于感性对象的“感性的人的活动”或者“对象性的活动”。在《德意志意识形态》中，马克思对实践概念有了新的理解。

和德国传统哲学不同，马克思哲学的出发点不是理性的人。他说：“我们的出发点是从事实际活动的人，而且从他们的现实生活过程中还可以描绘出这一生活过程在意识形态上的反射和反响的发展。”[⑤]需要注意的是，在《1844年经

① 马克思，恩格斯.马克思恩格斯选集：第1卷［M］.3版.北京：人民出版社，2012:8.

② 同①11.

③ 马克思.1844年经济学哲学手稿［M］.北京：人民出版社，2000:88.

④ 同①133.

⑤ 同①152.

济学哲学手稿》中，马克思研究的出发点不是上述“从事实际活动的人”，而是“异化”。他说，我们的出发点是经济事实，即工人及其产品的异化。这是一个关键的转变，从“异化”出发引出的是对异化现象的批判，并不能深入理解人类发展的历史。

马克思后来明确反对异化的历史观，他说：“哲学家们在不再屈从于分工的个人身上看到了他们名之为‘人’的那种理想，他们把我们所阐述的整个发展过程看作是‘人’的发展过程，从而把‘人’强加于迄今每一历史阶段中所存在的个人，并把人描述成历史的动力。这样，整个历史过程被看成是‘人’的自我异化过程，实质上这是因为，他们总是把后来阶段的一般化的个人强加于先前阶段的个人，并且把后来的意识强加于先前的个人。借助于这种从一开始就撇开现实条件的本末倒置的做法，他们就可以把整个历史变成意识的发展过程了。”①异化的历史观仅仅把历史过程看作是理想的人的自我异化过程。很多哲学家坚持这种观点，如黑格尔、费尔巴哈、布·鲍威尔等人。马克思在这里强调的是，异化的历史观并不能理解历史的真相，也无助于人的解放事业。哲学家们只是把想象的“人”从“词句的统治下”解放出来。人的真正解放必须借助于现实手段，消灭“异化”必须以生产力的巨大增长和高度发展为前提。②

新的历史观“从直接生活的物质生产出发阐述现实的生产过程”，“始终站在现实历史的基础上，不是从观念出发来解释实践，而是从物质实践出发来解释各种观念形态”③。精神生产与物质活动和交往混合在一起，后者起着基础作用。“意识在任何时候都只能是被意识到了的存在，而人们的存在就是他们的现实生活过程。”④马克思指出了这样的事实：被哲学家神话的“实体”“自我意识”“历史上周期性重演的革命动荡”，以及被表达过千百次的变革的观念，它们之所以没有完成对世界进行现实改造的任务，原因在于忽视了它们变革的现实基础，即“生产力、资金和社会交往形式的总和”⑤。

---

① 马克思，恩格斯.马克思恩格斯选集：第1卷［M］.3版.北京：人民出版社，2012:210-211.

② 同①166.

③ 同①171-172.

④ 同①152.

⑤ 同①173.

生活资料的生产是一种实践方式，它把人和动物区别开来，表现为人的“生活方式”。“个人怎样表现自己的生命，他们自己就是怎样。”也就是说，个人的现实本质取决于“生产什么”以及“怎样生产”①。这种生产，部分表现在工业和商业的活动中，它们是“整个现存的感性世界的基础”②。有了这个基础，对历史之谜的理解和解答就有了可靠的起点。相反，如果忽视“现实的生活生产”，那么“历史的东西则被看成是某种脱离日常生活的东西，某种处于世界之外和超乎世界之上的东西。这样，就把人对自然界的关系从历史中排除出去了，因而造成了自然界和历史之间的对立”③。

以上的分析涉及对实践概念更为具体的理解。马克思一开始把实践理解为“现实”和“感性的人的活动”，后来又把实践理解为“物质生产”“物质行动”“物质实践”“生活资料的生产”或者“现实的生活生产”。应该说，他一开始对实践概念的理解还比较抽象，后来逐渐把“实践”概念具体理解为“生产”的各种表现形式。在《德意志意识形态》中，马克思把作为“物质生产”的实践放在基础位置，“思维”、“精神交往”和“精神生产”被看成是“物质行动的直接产物”④。但是，他并没有简单地停留在强调“物质生产”的基础地位，而是提出要把“生产”生活资料的方式理解为“表现自己生命”的方式，是“一定的生活方式”。个人的生存状况和他们的生产相一致。⑤

相对于1844年所持的观点，一个重要的变化是，马克思不再强调异化劳动和“作为生命自由表现”的劳动、异化的生产和“全面生产”或者“作为人进行的生产”之间的区别，相反，他主要批评把人理想化的异化史观，认为这样的历史观制造了一个意识的幻象。这个变化的意义在于，实践概念不再停留于抽象的现实“状态”，它进一步被理解为最基础的“现实的生活的生产”，尤其是物质生产。“精神生产”“精神交往”“人的生产”与其交织在一起，它们理当也属于实践的重要形式。

---

① 马克思，恩格斯．马克思恩格斯选集：第1卷［M］.3版．北京：人民出版社，2012:147.

② 同①157.

③ 同①173.

④ 同①151.

⑤ 同①147.

（三）是否应当把“实践”与“生产”对立起来

以上论述了两种看似对立的实践概念。马克思把实践的基本内容理解为生产，尤其是物质生产，伽达默尔则把生产当作实践的“对立者”。究竟应该如何看待他们关于实践概念的分歧？我们是否可以把“实践”与“生产”对立起来？这是一个重大的理论问题。

伽达默尔把生产看作实践的对立者，目的在于突出实践活动不同于自然科学、技术等知识所带来的对自然和社会的广泛控制活动（主要表现为生产活动）。他认为后者带来的是全面的控制和人的异化。尤其是自然科学通过其方法上的渗透，影响了人文研究的方法，造成人文科学失去自身的特点，成为自然科学的附庸。同时，这样的情形也带来了很大危险，即社会越来越依赖自然科学和技术，科学理性过度膨胀，而引导人类社会进步的实践理性或者说社会理性却十分缺乏，可能无法将科学技术的发展控制在安全的范围之内。因此，伽达默尔所做的不是统一自然科学和人文科学，而是努力把人文学科从自然科学中“拯救”出来，强化它对后者的引导作用。伽达默尔的做法是基于如下判断：对自然和社会控制的加强、人的孤独和异化、生态环境的恶化和危机、人的自由的丧失，这些主要与科学技术发展的过度膨胀有关。为了解决上述问题，单纯依靠科学和技术已经行不通，因为科学技术有其自身作用的局限或限度。要解决这些问题，必须诉诸人文科学的发展，实现对实践概念理解的根本改变。伽达默尔的主导思路是：提升人文科学的地位，避免被自然科学所同化和控制。让人文科学居于主导地位，把自然科学置于人文科学的控制之下，实现两者的统一。伽达默尔认为，只有这样，人类的文明之路才能是健康的，当前面临的环境危机和异化现象才能有望解除。

关于自然科学和人文科学的关系，马克思也曾做过深刻分析。他说：“自然科学展开了大规模的活动并且占有了不断增多的材料。而哲学对自然科学始终是疏远的，正像自然科学对哲学也始终是疏远的一样。过去把它们暂时结合起来，不过是离奇的幻想。存在着结合的意志，但缺少结合的能力。”[①]马克思认为，

① 马克思.1844年经济学哲学手稿［M］.北京：人民出版社，2000:89.

在将来，自然科学将会成为“人的科学”的基础，两者将成为同一门科学。他说：“自然科学往后将包括关于人的科学，正像关于人的科学包括自然科学一样：这将是一门科学。”①

自然科学怎样成为“人的科学”的基础呢？马克思说：“自然科学……通过工业日益在实践上进入人的生活，改造人的生活，并为人的解放做准备，尽管它不得不直接地使非人化充分发展。”②通过工业的力量，自然科学进入并改造着人的生活，发挥着它的威力。“如果把工业看成人的本质力量的公开展示”，那么，人们将会认识到自然科学是“人的科学”的基础③。那种认为生活和“人的科学”还有别的基础的观点，被他当作“谎言”加以批判。④

在《德意志意识形态》中，他再一次从历史的角度谈自然科学和“人的科学”两个领域的结合：“我们仅仅知道一门唯一的科学，即历史科学。历史可以从两方面来考察，可以把它划分为自然史和人类史。但这两方面是不可分割的；只要有人存在，自然史和人类史就彼此相互制约。”⑤与自然史研究有关的是自然科学，与人类史研究有关的则是“人的科学”，它们同属广义的历史科学。但是，他指出，人类史的研究过去不是被曲解，就是被忽视。先前意识形态的主要错误在于把自然史和人类史、自然科学和“人的科学”看作毫不相关的两个领域。马克思强调，两个领域不可分裂，它们相辅相成，彼此制约。

正因为有上述看法，马克思才会把生产看作人类实践的基础内容，把生产力的发展当作历史进步的基础。一方面，他指出自然科学是“人的科学”的基础，物质生产对其他生产形式具有决定作用；另一方面，他特别提出要深入研究人类史，澄清意识形态对人类史的曲解，以探明历史发展的真相。对人类史的研究，对传统意识形态的批判，成为马克思理论研究工作的重要内容。由此可见，马克思不仅把生产当作实践的基础内容，科学地揭示了历史的“发生学”，而且也十分重视理论研究，尤其是对“人的科学”的研究（这相当于伽达默尔所说的“理

① 马克思 .1844 年经济学哲学手稿［M］. 北京：人民出版社，2000:90.

② 同①89.

③ 同①89.

④ 同①89.

⑤ 马克思，恩格斯 . 马克思恩格斯选集：第 1 卷［M］.3 版 . 北京：人民出版社，2012:146.

解的实践”），因为他认为这是实现人的自由和全面发展的重要思想前提。

马克思当时面对的主要问题，是落后的生产力对社会发展的制约，以及不合理的生产关系造成的社会不公平。这就要求对自然科学、工业、生产力、生产、资本等方面的突出作用给予重视。伽达默尔面对的主要问题则是另外一种情形。他要求加强人文科学的力量，摆脱自然科学加之于人文科学的不良影响。“摆脱”不是为了分裂，而是为了抑制由自然科学及其技术所带来的危机和困境。但是，这样的问题或者危机在马克思时代并没有出现，因此他不会提出人文科学的独立性问题，而是强调两者的联合与统一。事实上，伽达默尔也不反对两类科学在实践上的统一，只有两者的最终联合与统一（以“人的科学”为主）才能保障社会的健康发展。马克思在当时遇到的问题主要是社会的贫困、异化现象以及生产领域的不公平现象。要解决这些问题，一方面需要通过实践（尤其是物质生产实践）的途径发展生产力，另一方面则需要改变工人所处的不公平的、奴役人的“关系”。前者需要自然科学的支持，后者则需要依靠“人的科学”的支援。

在伽达默尔的实践概念中，把生产看作实践的对立者，产生了怎样的后果？他把实践领域和生产领域对立起来，造成了“实践”活动与“生产”活动的分立。如果生产行为仅仅是纯粹“获得性技能”和技术的应用，那么，生产者的作用也就和机器一样，似乎没有“灵魂”。他们只不过是一些肉体机器。生产者为社会创造了物质财富，但他们自身好像自然科学和技术一样，缺乏实践理性或社会理性。他们似乎只关心如何更有效率地工作，如何生产出更多、更加精致的产品，不关心这种生产是否对人类的幸福有益。这一点显然与实际不符。伽达默尔为什么不把生产看作是实践的基本内容？主要原因或许在于，他把生产、劳动和技术都看作是无理性的、盲目的、机械的活动，过多强调了它们的非理性方面。然而生产活动并非脱离实践理性而盲目进行，技术也不是脱离实践理性成为冰冷的“机器”。技术本身也为人类服务，它们曾经解决了人类面临的许多困境，例如贫困、粮食危机、各类疾病、环境污染等。这些都表明，生产和技术能够服务于人类，促进人类之善的实现，并非全部是制造异化的祸根。

由此可见，把实践与生产对立起来，把人文科学与自然科学分离开来，忽视生产实践的作用，这样的观点无疑是有害的。它对于希望通过非生产的实践方式克服生态危机具有重要的积极意义，但是也有太多的理想色彩。实践领域和生产领域的对立或者人为分立，有可能弱化生产和技术在解决人类面临诸多难题中的作用，使得生产和技术的改进受到孤立和限制。只有借助于生产实践，借助于技术和制度创新以及人文科学的理解实践等综合力量，才能真正解决当代社会面临的危机，实现社会的持续完善。

结语

马克思的存在概念与存在论的革命

这里所讨论的存在概念，因为涉及社会存在形式的讨论，属于社会空间意义上的范畴，所以也属于本课题所研究的范围。

国内外学者对马克思“存在”概念的理解众说纷纭，莫衷一是。有的学者认为马克思理解的“存在”是感性的活动[①]，有的认为是实践[②]，有的认为是作为社会现实的事物（Sache）[③]或社会存在[④]，还有的认为是社会生产关系[⑤]等。把“存在”等同于“物质”（Materie）或“物”（Ding）的做法是常见的错误，对此，学界已经进行过深入讨论。[⑥]但是，需要特别指出的是，当前的马克思主义基本原理教科书仍然把“存在”和“物质”概念画等号。[⑦]这造成了一个假象，似乎

① 邓晓芒．实践唯物论新解：开出现象学之维［M］．武汉：武汉大学出版社，2007:302-306.

② 马尔科维奇，彼德洛维奇．南斯拉夫“实践派”的历史和理论［M］．郑一明，曲跃厚，译．庆：重庆出版社，1994:23.

③ 张一兵．马克思：自在之物与事物自身之谜的破解——历史唯物主义的构境论阐释［J］．南京大学学报（哲学．人文科学．社会科学版），2015，52（2）.

④ 卢卡奇．关于社会存在的本体论［M］．白锡堃，张西平，李秋零，等译．重庆：重庆出版社，1993:3.

⑤ 俞吾金．被遮蔽的马克思［M］．北京：人民出版社，2012:223-225.

⑥ 王浩斌．阶级范畴与历史唯物主义的“物”概念［J］．教学与研究，2009（11）.

⑦ 马克思主义基本原理概论［M］．北京：高等教育出版社，2015:22-26.

"存在"概念可以不加区分地等同于"物质"概念。如此一来，造成了对马克思的"存在"概念的广泛误读，马克思主义哲学的革命性也被人为遮蔽。国内有学者认为，由于马克思对存在的理解突破了传统形而上学的局限，所以他发动了一场"存在论的革命"[①]。应该说，马克思在其哲学发展中确实出现了针对形而上学的"革命"，但这是一场回归生活世界并试图从中寻求突破，最终实现"自由人的联合体"的革命。它不同于海德格尔式的存在论革命，尽管二者确实存在着某些相似。[②]

在马克思看来，"存在"既不能完全等同于"物质"或"物"，也不是可以直观的"现象"，而是历史、现实和可能性的统一。"存在"是生产力和生产关系、经济基础和上层建筑的矛盾运动，是既对立又统一的运动，也是通过人们的实践推动而不断向前发展的现实的运动。马克思不思考抽象而神秘的存在，而思考具体的存在，但是他又不是像各门科学那样具体地思考存在，也不像海德格尔那样脱离物质利益的现实而抽象地思考存在。马克思理解的"存在"不是单纯的"理念"，不是"绝对精神"，不是"澄明之境"，而是事物的根本及其运动，也就是"事情本身"（Sache selbst）。同时，他理解的"存在"也不是单一的存在（例如，既不是单纯的"实践"，也不是单一的"生产力"或者"生产关系"），而是复杂的社会性存在。本文将通过对马克思经典著作的解读进一步澄清他所理解的"存在"概念。

一、传统哲学理解的存在概念及其局限

"存在"（英语being，德语Sein）是什么？这是一个古老的哲学问题。[③]我

---

① 吴晓明．马克思的存在论革命与超感性世界神话学的破产［J］．江苏社会科学，2009（6）；马克思的存在论革命与通达社会现实的道路［J］．云南大学学报（社会科学版），2011，10（6）．

② 孙伯鍨，刘怀玉．"存在论转向"与方法论革命——关于马克思主义哲学本体论研究中的几个问题［J］．中国社会科学，2002（5）．

③ 国内有学者主张把"存在"翻译为"是"，参考：汪子嵩，王太庆．关于"存在"和"是"［J］．复旦学报（社会科学版），2000（1）．

们知道，思维和存在的关系问题是哲学的基本问题。思维不能无对象，它如果离开“存在”就会变成无内容的“不存在”。因此，在这个意义上说，对“存在”的认识就是思维能否达到真理的关键。究竟应该如何理解存在概念呢？以下将针对历史上几种具有代表性的观点进行简要分析。

古希腊哲学家特别重视对存在的理解。早期的自然哲学家思考构成万物的始基或者本原，他们往往用单一的始基解释多种多样的物质世界。到了赫拉克利特，他不仅提出了火本原说，而且认为世界的事物是持续运动和变化的。它们并不是虚假的，而是真实存在的表现。他说：“我们踏进又不踏进同一条河流，我们存在又不存在。”[①]这句话看起来似乎难以理解，实则不然。赫拉克利特通过辩证的语言，说出了一个事实，即事物的存在是处在不断变化的过程中，存在的真理就表现在它的运动和变化之中。他认为，虽然事物的运动和变化是永恒的，但是也遵循一定的法则，因此，在变中也有不变的因素。赫拉克利特说：“这个有秩序的宇宙（Cosmos）对万物都是相同的，它既不是神也不是人所创造的，它过去、现在和将来永远是一团永恒的活火，按一定尺度燃烧，一定尺度熄灭。”[②]从这段话可以看出，赫拉克利特否定了神创世界说，认为世界本来就是自在的。他所理解的神就是表现出宇宙秩序的、经由火的运动进行转换的、变化着的世界本身（即存在）。世界的变化并不是无序和混乱的，它遵循着一定的尺度，这就是逻各斯（Logos）。

赫拉克利特认识到，事物之间既相互联系，也存在着对立，例如雄和雌，冬与夏，日与夜等。在他看来，存在的事物的生成运动是永恒的，在这个过程中，斗争（战争）被看作万物之父、万物之王，因为它具有能动性的特点，可以使存在的事物相互转换。他说：“互相排斥的东西结合在一起，不同的音调造成最美的和谐；一切都是从斗争产生的。”[③]从神创世界说走出之后，赫拉克利特综合了希腊自然哲学家的思想成果，开始用辩证的思维理解世界的生成运动。但是，受到时代限制，赫拉克利特并不能透彻理解他所面对的“存在”本身，尽管他创

---

① 汪子嵩，范明生，陈村富，等．希腊哲学史：第1卷［M］．北京：人民出版社，1997:444.

② 同①418.

③ 同①469.

造性地使用了辩证思维去思考世界和具体事物。

巴门尼德对存在的理解与赫拉克利特完全不同。他认为，感性知觉是不可靠的，它们不能认识存在，只能达到非存在（即处在变化之中的现象），由此形成意见。在《残篇》第七中，巴门尼德表达了这样的观点："决不能证明非存在存在，务必使你自己的思想（Noema）远离这一条途径。不要为许多经验产生的习惯所左右，由你的茫然的眼睛、轰鸣的耳朵以及舌头带向这条路，而要用你的理智（Logos）去解决我告诉你的这些纷争。"在他看来，思想和存在是同一的，非存在既不能被认识，也不能被说出来。只有能够被表述、被思想的才是存在，也只有思想才能认识存在，从而达到对真理的认识。从巴门尼德的《残篇》中可以总结出他认为"存在"所具有的几个特征，它们是：（1）没有生灭变化的；（2）连续不可分的"一"；（3）不动的；（4）完整的，形如球体；（5）可以被思想、被表述的。[①]与此相对，"非存在"就是指有变化的、可分的、运动的和不能被思想、被表述，只能被感觉的事物。由此可见，巴门尼德理解的存在是高度抽象的。在他看来，整个宇宙就是一个"存在"，它既不能被创造，也不能被消灭。巴门尼德第一次明确地提出了思想和存在的关系问题，在人类抽象思维发展史上是一次很大的进步。他想探寻变化不定的事物背后的真实存在，但是却割裂了感性认识和理性认识的联系，把一般和个别截然对立起来，导致他并不能达到对真理的认识。

受到巴门尼德等人的影响，柏拉图认为，只有灵魂中的理性能力能够认识真正的存在——型相（Idea和Eidos），感觉认识的则是处在存在和不存在（无）之间的非存在——具体的现象。柏拉图通过四线段比喻和洞穴之喻说明的就是"型相"比具体的事物更加真实。"型相"不仅是真实的存在，而且是神圣的存在，柏拉图又在《斐德罗篇》中将其比喻为"天上的存在"。型相虽然是客观的存在，但是它们并不占有空间，只是理智认识的对象。在这些型相中处在最高位置的就是仿佛太阳一样的"善的相"（Agathou idea），它是其他型相产生的原因。对这些"型相"的认识形成真正的知识。通过这样的论述，柏拉图区分了两个世

① 汪子嵩，范明生，陈村富，等.希腊哲学史：第1卷［M］.北京：人民出版社，1997:600-601.

界，即作为真正的存在的世界——“型相”的世界和作为非存在的世界——具体的现象世界。由此可见，在他的世界划分上不仅是头足倒置的，而且作为“型相”的世界高踞于现象世界之上。柏拉图给予型相过高的地位，这一点也成为后世哲学中出现反柏拉图主义潮流的一个重要原因。

对于如何理解“存在”的问题，亚里士多德曾经说过：“存在是什么，换言之，实体是什么，不论在古老的过去、现在以至永远的将来，都是个不断追寻总得不到答案的问题。……所以，我们的首要的问题，或者唯一的问题，就是考察这样的存在是什么。”[①]在《形而上学》关于“存在”的理解中，存在主要指实体或者本体（Substance），而第一实体是“是其所是”（essence）或形式，第二实体就是具体的个体之存在。亚里士多德的第一哲学就是“思考作为存在的存在——是什么以及存在的东西的属性”[②]的学问。

亚里士多德批评了柏拉图的型相论，认为探究具体事物的原因不能仅仅通过增加同样数量的“相”或“型”来实现，这样只不过在可感觉的事物之外增加了“它自身”（auto）。柏拉图及其追随者把普遍和定义当作可分离的东西，违背了苏格拉底的原意。应该说，亚里士多德之所以探讨“作为存在的存在”和具体的个体之存在，最终是想说明形成宇宙和具体事物的原因，这也是哲学达到智慧的根本途径。建立在对柏拉图型相论的批判的基础上，亚里士多德推进了对存在的研究。但是，他因为忽视人的实践活动，仍然脱离人的生活世界去思考这一问题。

承继柏拉图的型相论和亚里士多德的形而上学，黑格尔在《小逻辑》中把“存在”（Sein）解释为思维发展的最初开端。他说：“纯存在或纯有之所以当成逻辑学的开端，是因为纯有既是纯思，又是无规定性的单纯的直接性。”[③]这个“纯存在”在一开始就是“无”，发展到最后则变成作为理论的和实践的理念之统一的“绝对理念”（Die absolute Idee）。这种“理念”虽然已经和柏拉图的“型相”有些不同，但是却一样高踞于可感觉的事物之上。黑格尔理解的这个

① 亚里士多德．亚里士多德全集：第 7 卷［M］．苗力田，主编．北京：中国人民大学出版社，1993:153.

② 同①147.

③ 黑格尔．小逻辑［M］．贺麟，译．北京：商务印书馆，1980:189.

“真实”的存在是超时空的存在，是作为普遍和无限的绝对精神，最终成为脱离具体生活的“自我意识”。

费尔巴哈认为黑格尔哲学是新柏拉图派的复活，后者理解的存在是抽象的、不真实的存在。他说：“黑格尔逻辑学中的存在，就是旧形而上学中的存在，这个存在被不加区别地用来陈述一切事物，因为依照旧形而上学的说法，一切事物的共同点，就在于都是存在的；但是这个无区别的存在乃是一种抽象的思想，一种没有实在性的思想。”[①]费尔巴哈哲学所要面对的是真实的存在，在他看来，“存在并不是一种可以与事物分离开来的普遍概念”[②]。他把存在看作是对实体的肯定，也把存在和存在的事物看作是一回事。[③]存在的问题就是我们的实际生存问题，是实践的问题。费尔巴哈说：“关于存在的问题，正是一个实践的问题，一个涉及我们的存在的问题，一个关于生死的问题。……我之所以存在，决不是靠语言的或逻辑的食粮——自在的食粮——而永远只是靠这种食粮——依靠这种‘不可言说’的东西。”[④]由此看来，费尔巴哈不再像形而上学和经院哲学那样把存在理解为到处都是同样的、没有区别的、没有内容的存在，而是把存在理解为具体的事物。应该说，这一对存在的新理解突破了思辨哲学的局限，对事物的理解更加具体了。尽管费尔巴哈已经开始重视实践，但由于他并没有从物质生产实践出发理解历史，造成无法透彻理解生活中具体存在的事物——真实的“存在”。

除此之外，还有一些经验主义者和近代唯物论者把存在理解为感觉经验、物质实体或者精神实体，例如洛克、霍布斯和笛卡尔等人。限于篇幅，在此不一一赘述。

以上对历史上几个重要的哲学家理解的存在概念的内涵及其局限进行了分析，由此可以看出，哲学家们对存在概念的理解虽然不尽相同，但是都力图通过分析认识真实的存在，把握关于事物的真理。随着认识工具和认识方法的改进，

---

① 费尔巴哈．未来哲学原理［M］．洪谦，译．北京：生活·读书·新知三联书店，1955:45.

② 同①46.

③ 同①46.

④ 同①47-48.

现代哲学家们越来越接近于对“存在”的真理性把握。在马克思对存在概念的分析中，因为对物质生产等实践方式的重视，已经超越了传统本体论所理解的存在概念的范围，并全面而准确地把握到真实“存在”的内涵及其意义。接下来，我们将结合文本进一步分析马克思对“存在”的理解。

二、真实的存在：马克思如何理解存在概念

对马克思存在概念的分析至少涉及两个层面的问题。第一，马克思在其著述中理解的“存在”概念的内涵如何把握？第二，马克思理解“存在”概念的方法是什么？我们将通过文本解读进一步回答这两个问题。

青年马克思在博士论文中讨论的原初“存在”是作为构成自然实体的原子。通过比较德谟克利特和伊壁鸠鲁的原子论哲学，尤其是通过考察伊壁鸠鲁的原子“偏斜论”，马克思肯定了突破必然性束缚的偶然性对于自由的意义。他还认为，伊壁鸠鲁的贡献在于把作为“本原”的原子和作为“元素”的原子区别开来。这样一来，在本质世界，原子是自然界的绝对形式；在现象世界，它就下降为绝对的物质，成为“物质的基础”①。这样的区分，克服了德谟克利特仅仅停留在解释本质世界的原子论的局限，可以进一步解释现象世界的问题。在对现象世界进行分析的时候，马克思还特别关注了伊壁鸠鲁把时间理解为感性知觉和现象世界的绝对形式的观点。从时间的角度对“存在”（以原子为始基的现象世界）进行理解，虽然还不能理解现实生活本身，但是已经触及对“事情”本身的理解。

受到费尔巴哈存在观的影响，马克思也十分重视对真实的存在之认识。在《1844年经济学哲学手稿》中，马克思批评了黑格尔的“存在”——精神世界。他认为，黑格尔把精神世界“冒充为自己的真正的存在，恢复这个世界，假称在自己的异在本身中就是在自身”②。在这种虚假的存在中，“我的真正的人的存

① 马克思，恩格斯．马克思恩格斯全集：第1卷［M］.2版．北京：人民出版社，1995:49.

② 马克思.1844年经济学哲学手稿［M］．北京：人民出版社，2000:109.

在是我的哲学的存在”[①]。马克思对异化劳动的批判实际上也应该在“存在”的层面进行理解。撇开对象化劳动的积极方面不谈，就异化劳动对劳动者的损害而言，它导致的是一种异化式存在，即非存在，也是现实层面的虚假存在。值得注意的是，在《1844年经济学哲学手稿》中，马克思对于工商业实践的作用给予了积极评价，这样的理解已经和费尔巴哈有很大不同。

在《关于费尔巴哈的提纲》中，马克思关于存在的理解进一步得到明确，他鲜明地指出了费尔巴哈和旧唯物主义哲学对“存在”的错误理解，即没有从主体方面理解现实本身，尤其没有当作人的实践去理解。[②]马克思认为费尔巴哈和旧唯物主义哲学家的缺陷是错误地理解了“存在”（即对象、现实或感性），其错误的原因产生于直观的哲学方法。例如，费尔巴哈曾经说过：“只有那通过感性直观而确定自身，而修正自身的思维，才是真实的，反映客观的思维——具有客观真理性的思维。”[③]由于这种方法上的局限，他们不能把“存在”理解为通过人的实践或感性的活动而动态地发展的过程。

费尔巴哈理解的“存在”看似真实，但是并没有触及对社会发展本质的理解，而是停留在感性的、直观的肤浅层面。在他看来，新哲学是把存在看作实际存在的实体而不是黑格尔那样的思维客体，而这个存在就是感性的、直观的、感觉的、爱的存在。[④]国内有些学者强调马克思把“存在”理解为感性的活动，但是，这样理解必须具体说明该“活动”是在何种条件下怎样展开的，否则很容易再次陷入费尔巴哈式的错误。

费尔巴哈和旧唯物主义哲学的错误并不是偶然的，而是他们所使用的直观的方法必然达到的理解水平。这种直观的方法尽管可以避免黑格尔思辨哲学的观念论的错误，但是又再次陷入另一种“感性论”的错误。这种错误使其无法理解社会及其历史的发展。马克思认为，在费尔巴哈那里，唯物论和历史互不相干，两

---

① 马克思.1844年经济学哲学手稿［M］.北京：人民出版社，2000:111.

② 马克思，恩格斯.马克思恩格斯文集：第1卷［M］.北京：人民出版社，2009:499.

③ 费尔巴哈.未来哲学原理［M］.洪谦，译.北京：生活·读书·新知三联书店，1955:71.

④ 同③57.

者相互脱离了。[①]实际上，费尔巴哈所犯的这种“感性论”错误在后来仍然被不少哲学家所重复。

由以上的分析可以看出，马克思对“存在”的理解比黑格尔和费尔巴哈都更加接近“事情”本身。黑格尔通过辩证法达到的是观念性存在，由于用理性解释历史的发展，他的“存在”也成为脱离时空的抽象存在，他的历史观就成为唯心史观。费尔巴哈通过直观的方法达到的则是感性的存在，由于用感性解释历史的发展，他的“存在”就成为爱的存在，他的历史观也就成为变相的唯心史观。

马克思强调，他的理论出发点不是宗教的人和费尔巴哈的“一般人”，也不是施蒂纳的“唯一者”，而是一些“现实的个人”[②]。这些现实的个人不是处在离群索居状态的孤立的人，而是从事物质的和精神的生产活动、处在一定的交往形式中的个人。[③]

由此可以看出，马克思理解的“存在”或“事情”，不是脱离社会的某种臆想，而是对现实的原始呈现。哲学家们热衷于讨论“实体”“人的本质”“自我意识”等概念，但只是在形而上学的范围内讨论。马克思则将这些问题的理解和现实关联起来，认为生产力和生产关系构成了“现实的基础”，谈论实体和人的本质的哲学家们往往忽视了这个基础。[④]要理解“真实的存在”，就不能脱离这个“现实基础”。进一步说，理解这个“基础”就是理解“真实的存在”之关键，也只有在这个“基础”上理解社会和历史的发展，才是对“存在”这个“事情”的真正回归。

在《哲学的贫困》一书中，马克思进一步贯彻其唯物史观的基本观点，对蒲鲁东的错误进行了批判。马克思认为，由于忽视上述提到的“现实基础”，蒲鲁东把政治经济学变成了形而上学。这种形而上学抛开了现实的基础，把经济范畴仅仅看成是无人身的“理性”或某些天才头脑中灵光乍现的产物。蒲鲁东和许多经济学家们都把资产阶级的生产关系说成是天然的、不变的、永恒的范畴，是

---

① 马克思，恩格斯 . 马克思恩格斯文集：第 1 卷［M］. 北京：人民出版社，2009:530.

② 同①519.

③ 同①524-525.

④ 同①545.

“不受时间影响的自然规律”。[①]实际情况却是，人们在一定的生产关系下进行物质生产，同时，随着新的生产力的出现，生产方式和相应的社会关系也会发生改变。[②]由于蒲鲁东不懂上述道理，本来可以科学说明的“历史”在他那里也就成了带着神秘的天命历史。[③]遗憾的是，现在有些哲学家和经济学家仍然重复着蒲鲁东式的错误。

范畴或概念不是脱离“存在”的理性臆想，而应该是对“事情本身”的真实再现。由此才有建立“关于人的科学”“历史科学”或社会科学的可能。传统形而上学之所以需要被超越，主要在于它脱离真实的存在，使哲学变成没有根基的抽象呓语。根据马克思的理解，要改造形而上学，使其完成根本性的质变，必须从实际出发，抛弃脱离“实事”的概念，代之以反映客观现实的范畴，并用这些范畴去分析“存在”的秘密。在写作《资本论》时，马克思使用了从抽象上升到具体的方法对资本主义社会进行了分析。正是因为遵照了“概念反映真实的存在”的原则，他才实现了对资本主义生产方式的科学解释，建立起科学社会主义的理论。

三、马克思的存在概念之内涵及其哲学变革

马克思所说的“存在”，并非单指物质性的存在。物质性存在固然是存在的一部分，但绝不是唯一的部分。庸俗唯物主义者只把马克思的存在概念理解为物质或物质性的存在，是对马克思哲学的严重误解之一。今天，进一步肃清这一严重误读仍然十分必要。与此同时，对马克思的存在概念还产生了其他形式的误读，也需要我们进行认真分析和澄清。例如，把存在仅仅理解为某一个方面的存在：或理解为感性的活动，或理解为关系性存在，等等。只有揭示出马克思存在概念的真正内涵，才能认识到马克思发动这场哲学革命的重要意义。

① 马克思，恩格斯．马克思恩格斯选集：第1卷［M］.3版，北京：人民出版社，2012:232.

② 同①222.

③ 同①230.

根据马克思在其著作中的相关讨论和观点，笔者认为，他理解的存在概念至少包括以下五个层面的内涵。

第一，物质性存在。它包括自然界和社会中的物质性实体，即物质。既有自然界中未经人的劳动加工过的原初物质形式，也有经过劳动加工改变过的产品形式。物质性存在是人类社会其他形式的存在和发展的基础和前提，没有感性的外部世界的存在，工人就无法进行生产。[①]自然界中的物质性存在不仅给劳动提供生产资料，而且给个人提供维持肉体生存所需的生活资料。当然，物质性存在的作用不能被无限夸大，否则就会陷入物质决定论的错误，这种决定论在关于社会发展的解释中表现为经济决定论。

第二，活动性存在。它主要指的是各类生物的物质变换活动、人的实践活动以及与此有关的工具性活动。马克思重点关注的是人的实践活动，包括感性的物质生产活动、人自身的生产活动、社会关系的生产和再生产活动、科学技术生产活动、政治和道德实践活动等。这些活动的结果形成新的存在形式，它们同时作为一种潜能而存在。在社会发展过程中，活动性存在主要表现为人的生产实践活动。能否从事物质生产是人和动物的重要区别。[②]活动性存在与“生产力”概念所包括的内容有关，如劳动者在使用某种生产工具时所进行的生产活动。马克思高度重视这一存在形式，认为它是社会基本矛盾中最活跃的因素。

第三，关系性存在。它指的是社会关系等形式的存在，如资本、生产资料的所有制形式、各种法律制度和伦理规范等。马克思认为，人们在生产物质产品的同时，也在创造出与之相适应的社会关系，它们不仅是客观存在的，而且会随着生产力的进步而发生改变。[③]马克思对这一存在形式进行了深入研究，他认为，未来社会要解决资本主义的矛盾所带来的社会问题，必须改革不合理的社会关系。

第四，精神性存在。它指的是思想、哲学、文艺、意识形态等存在形式。马克思对唯心主义的批判并不意味着对思想或精神的敌视，而是意味着对一种科学

---

① 马克思.1844年经济学哲学手稿［M］.北京：人民出版社，2000:53.

② 马克思，恩格斯.马克思恩格斯选集：第1卷［M］.3版.北京：人民出版社，2012:147.

③ 同②340.

的思想、精神或理论的重视。马克思对精神性存在给予重视的原因在于：他认为过去任何一个时代的统治思想都是统治阶级的思想，无产阶级要实现自身的解放，只有经过科学理论的引领并联合起来才能实现。“精神生产随着物质生产的改造而改造”①，科学的理论就是一种新的顺应时代发展要求的思想和精神。在这个意义上说，马克思高度肯定了精神性存在对社会进步的重要价值。

第五，可能性存在。它指的是社会发展的趋势或者一种尚未来临、众所期待的存在。例如资本发展的趋势，或者社会正义和生态良好的社会等，它往往是作为一种可能性而存在。有人可能会反对这个提法，但是，如果缺少可能性的存在维度，完全停留在现成性方面，也无法完全反映出马克思存在论的超越之维。例如，在《资本论》中，马克思指出了资本主义生产方式只是一种暂时性的方式，它正在为未来的新的生产方式创造条件。发展社会生产力是资本的历史任务，资本也不自觉地为更高级的生产形式创造出物质条件。资本主义生产只是和物质生产的一定阶段相适应，而不是绝对的生产方式。②社会主义或共产主义是马克思追求的崇高理想，它是现实性、科学性和革命性相统一的终极追求，也是一种表现出平等、民主和自由等理想价值得以实现的社会状态。要达到这种状态，必须通过批判的和革命的实践改变现存的状况。③马克思所说的可能性是一种基于现实性、科学性和具体条件而提出的有望实现的可能性，是通过不断改革不合理的现状而获得社会进步的发展可能性。

由以上的分析可以看出，马克思理解的存在概念的内涵不是单一的和纯粹的，而是具体的和多层次的。这些存在形式相互影响，有着密切的关系，它们彼此之间也存在着交叉和重叠。例如，某些精神性存在的产品要以物质性存在为载体；法律制度既是关系性存在的形式，也是精神性存在的产物等。传统形而上学往往把存在理解为单一的和观念的，它们不仅忽视了存在形式的多样化，而且未能辩证地理解各种存在形式之间的相互依存和相互转化，结果也就不可能揭示出真实的存在内涵。

---

① 马克思，恩格斯．马克思恩格斯选集：第 1 卷［M］.3 版．北京：人民出版社，2012:420.

② 马克思，恩格斯．马克思恩格斯全集：第 46 卷［M］.2 版．北京：人民出版社，2003:288-289.

③ 同①166.

马克思哲学在对存在的理解上已经远远超出了传统形而上学的界限，称之为“存在论的革命”亦很恰当。但是，究竟应该在何种意义上理解这种存在论的革命？如果只集中在以感性的实践活动超出“意识的内在性”这一点上，似乎仍不足以全面揭示这场革命的意义。笔者认为，马克思理解的存在概念或者说他的存在观之所以有别于传统形而上学，其变革主要表现在以下四个方面。

第一，马克思对传统存在概念的突破以实践为关节点。但是，他说的实践不是笼统而言的实践，而是以物质生产实践为基础的多种实践形式的统一。马克思认为，第一个历史活动是生产满足自己需要的物质产品，之后产生了新的需要形式和满足它们的新的实践形式。这些实践形式是多样的，它随着需要的改变而改变。既不能把马克思所说的实践理解为单一的物质生产活动，也不能理解为单一的精神生产活动，而是以物质生产为基础的多种实践活动形式的统一。

第二，马克思理解的存在是以物质性存在为基础和前提的多种存在形式的统一体。在各种存在形式中，如果用亚里士多德的“四因说”作类比的话，那么，物质性存在就是“质料因”，它是一切发展的前提和基础；活动性存在是“动力因”，它具有创造性的、能动的力量；关系性存在和精神性存在则是“形式因”，它们共同对其他存在形式发挥或促进或阻碍的作用；可能性存在则是“目的因”，它是存在所要实现的最终目的。前文曾提到，巴门尼德把存在理解为不动不变的“一”，柏拉图把最真实的存在理解为作为“原本”的“型相”等，这些理解要么把存在简单化，要么把存在神秘化，没有能揭示出存在的多样性和复杂性，因此，他们也不可能把握到真实的存在，距离真理之路也就非常遥远。马克思理解的存在概念克服了传统形而上学的局限，使存在变成不再神秘的人间的“事情”。

第三，马克思重视对社会内在矛盾的揭示，因此，他的存在论是矛盾运动式的存在论。他认为，各种存在形式之间相互作用，彼此发生影响。要认识它们，必须从内在矛盾的角度进行分析。[①]马克思在其著作中揭示的资本和劳动、生产力和生产关系、经济基础和上层建筑的矛盾运动，就是各种存在形式之间的相互

① 唐正东．有原则的实践：马克思实践概念的应有之义及当代意义［J］．马克思主义与现实，2014（3）．

作用的范例。他认为，只有通过这种揭示才能把握存在的本质，继而揭示出存在的秘密，并且有针对性地提出解决各种问题的方案。如果撇开内在矛盾而孤立地探讨存在概念，只能再次陷入传统形而上学的陷阱。

第四，马克思的存在论是一种辩证的存在论。因为使用了辩证的方法，以整体的、联系的和发展的观点理解存在，才把各种存在形式之间的相互联系揭示出来了。所以，这种存在论完全不同于传统单一的存在论，而是一种科学的、辩证的存在论。因为使用了辩证的方法，同时从事物内部揭示各种存在形式之间的相互作用，而不是诉诸世界之外的神秘力量进行解释，马克思的存在论才上升为真正的科学。

从以上的分析可以看出，由于对存在的理解已经突破了传统形而上学的限制，马克思事实上建构了一种新的存在论。这种新的存在论是对不同形式的存在及其相互关系进行科学分析和考察，而不是像海德格尔那样将“存在”神秘化和抽象化，变成精神崇拜的一种“圣物”。海德格尔将存在与存在者相区分，事实上使存在失去其现实生成的客观基础，这个“存在”好像是没有身体的灵魂、没有物质依附的幽灵，它更像是精神想要追求的一种超脱尘世的恍兮惚兮的境界。由此可见，海德格尔的存在概念和马克思的理解有着很大不同，它们并不是一回事。当然，海德格尔对传统形而上学有关“存在”的解释也进行了激烈批判，这一点和马克思是一致的。他们对传统形而上学及其存在概念的共同反对态度启示我们：进一步批判形而上学，反对传统形而上学的复活，仍然是当代哲学面临的重要任务。

参考文献

著作

[1] 马克思，恩格斯.马克思恩格斯文集：第1—10卷［M］.中共中央马克思恩格斯列宁斯大林著作编译局，译.北京：人民出版社，2009.

[2] 马克思，恩格斯.马克思恩格斯全集：第1卷［M］.中共中央马克思恩格斯列宁斯大林著作编译局，译.2版.北京：人民出版社，1995.

[3] 马克思，恩格斯.马克思恩格斯全集：第3卷［M］.中共中央马克思恩格斯列宁斯大林著作编译局，译.2版.北京：人民出版社，2002.

[4] 马克思，恩格斯.马克思恩格斯全集：第30卷［M］.中共中央马克思恩格斯列宁斯大林著作编译局，译.2版.北京：人民出版社，1995.

[5] 马克思，恩格斯.马克思恩格斯全集：第31卷［M］.中共中央马克思恩格斯列宁斯大林著作编译局，译.2版.北京：人民出版社，1998.

[6] 马克思，恩格斯.马克思恩格斯全集：第44卷［M］.中共中央马克思恩格斯列宁斯大林著作编译局，译.2版.北京：人民出版社，2001.

[7] 马克思，恩格斯.马克思恩格斯全集：第45卷［M］.中共中央马克思恩格斯列宁斯大林著作编译局，译.2版.北京：人民出版社，2003.

[8] 马克思，恩格斯.马克思恩格斯全集：第46卷［M］.中共中央马克思恩格斯列宁斯大林著作编译局，译.2版.北京：人民出版社，2003.

[9] 马克思，恩格斯.马克思恩格斯全集：第47卷［M］.中共中央马克思恩格斯

斯列宁斯大林著作编译局，译.2版.北京：人民出版社，2004.
[10] 马克思，恩格斯.马克思恩格斯选集：第1—4卷［M］.中共中央马克思恩格斯列宁斯大林著作编译局，译.3版.北京：人民出版社，2012.
[11] ［德］马克思.1844年经济学哲学手稿［M］.中共中央马克思恩格斯列宁斯大林著作编译局，译.北京：人民出版社，2000.
[12] ［古希腊］亚里士多德.物理学［M］.张竹明，译.北京：商务印书馆，1982.
[13] ［古希腊］亚里士多德.亚里士多德全集：第7卷［M］.苗力田，主编.北京：中国人民大学出版社，1993.
[14] ［古希腊］亚里士多德.亚里士多德全集：第9卷［M］.苗力田，主编.北京：中国人民大学出版社，1994.
[15] ［古罗马］奥古斯丁.忏悔录［M］.周士良，译.北京：商务印书馆，1963.
[16] ［德］黑格尔.法哲学原理［M］.范扬，张企泰，译.北京：商务印书馆，1961.
[17] ［德］黑格尔.精神现象学［M］.贺麟，王玖兴，译.北京：商务印书馆，1979.
[18] ［德］黑格尔.小逻辑［M］.贺麟，译.北京：商务印书馆，1980.
[19] ［德］谢林.先验唯心论体系［M］.梁志学，石泉，译.北京：商务印书馆，1976.
[20] ［德］费尔巴哈.关于哲学改造的临时纲要［M］.洪潜，译.北京：生活·读书·新知三联书店，1958.
[21] ［德］费尔巴哈.未来哲学原理［M］.洪谦，译.北京：生活·读书·新知三联书店，1955.
[22] ［德］费尔巴哈.费尔巴哈哲学史著作选：第1卷［M］.涂纪亮，译.北京：商务印书馆，1978.
[23] ［德］费尔巴哈.费尔巴哈哲学史著作选：第2卷［M］.涂纪亮，译.北京：商务印书馆，1979.
[24] ［德］费尔巴哈.费尔巴哈哲学著作选集：上卷［M］.荣震华，李金

山，等译.北京：商务印书馆，1984.

[25] ［德］费尔巴哈.费尔巴哈哲学著作选集：下卷［M］.荣震华，王太庆，刘磊，译.北京：商务印书馆，1984.

[26] ［意］维柯.新科学［M］.朱光潜，译.北京：商务印书馆，1989.

[27] ［德］康德.历史理性批判文集［M］.何兆武，译.北京：商务印书馆，1990.

[28] ［德］康德.康德著作全集：第4卷［M］.李秋零，主编.北京：中国人民大学出版社，2005.

[29] ［德］黑格尔.历史哲学［M］.王造时，译.上海：上海书店出版社，1999.

[30] ［法］列斐伏尔.马克思的社会学［M］.谢永康，毛林林，译.北京：北京师范大学出版社，2013.

[31] ［法］列斐伏尔.空间与政治［M］.李春，译.2版.上海：上海人民出版社，2015.

[32] ［法］列斐伏尔.日常生活批判［M］.叶齐茂，倪晓晖，译.北京：社会科学文献出版社，2018.

[33] ［法］列斐伏尔.空间的生产［M］.刘怀玉，等译.北京：商务印书馆，2022.

[34] ［加］普殊同.时间、劳动与社会统治——马克思的批判理论再阐释［M］.康凌，译.北京：北京大学出版社，2019.

[35] ［美］哈维.希望的空间［M］.胡大平，译.南京：南京大学出版社，2006.

[36] ［美］哈维.正义、自然和差异地理学［M］.胡大平，译.上海：上海人民出版社，2015.

[37] ［美］哈维.后现代的状况——对文化变迁之缘起的探究［M］.阎嘉，译.北京：商务印书馆，2003.

[38] ［美］哈维.世界的逻辑——如何让我们生活的世界更理性、更可控［M］.周大昕，译.北京：中信出版集团，2017.

[39] ［美］哈维.新帝国主义［M］.付克新，译.北京：中国人民大学出版

社，2019.

[40] ［英］哈维.社会正义与城市［M］.叶超，张林，张顺生，译.北京：商务印书馆，2022.

[41] ［美］苏贾.后现代地理学——重申批判社会理论中的空间［M］.王文斌，译.北京：商务印书馆，2004.

[42] ［美］古尔德.马克思的社会本体论：马克思社会实在理论中的个性和共同体［M］.王虎学，译.北京：北京师范大学出版社，2013.

[43] ［日］望月清司.马克思历史理论的研究［M］.韩立新，译.北京：北京师范大学出版社，2009.

[44] ［意］阿甘本.幼年与历史：经验的毁灭［M］.尹星，译.郑州：河南大学出版社，2011.

[45] ［意］阿甘本.剩余的时间——解读《罗马书》［M］.钱立卿，译.长春：吉林出版集团有限责任公司，2011.

[46] ［德］本雅明.本雅明文选［M］.陈永国，马海良，编.北京：中国社会科学出版社，1999.

[47] ［德］海德格尔.时间概念史导论［M］.欧东明，译.北京：商务印书馆，2009.

[48] ［德］海德格尔.面向思的事情［M］.陈小文，孙周兴，译.北京：商务印书馆，1999.

[49] ［匈］卢卡奇.历史与阶级意识［M］.杜章智，任立，燕宏远，译.北京：商务印书馆，1999.

[50] ［匈］卢卡奇.关于社会存在的本体论［M］.白锡堃，张西平，李秋零，等译.重庆：重庆出版社，1993.

[51] ［美］莱文.马克思与黑格尔的对话［M］.周阳，常佩瑶，吴剑锋，等译.北京：中国人民大学出版社，2016.

[52] ［英］伊格尔顿.马克思为什么是对的［M］.李杨，任文科，郑义，译.重庆：重庆出版社，2018.

[53] ［美］埃尔斯特.理解马克思［M］.何怀远，等译.北京：中国人民大学出版社，2016.

[54] ［美］哈特，［意］奈格里.大同世界［M］.王行坤，译.北京：中国人民大学出版社，2016.
[55] ［联邦德国］伽达默尔.科学时代的理性［M］.薛华，等译.北京：国际文化出版公司，1988.
[56] ［德］伽达玛.理性·理论·启蒙［M］.台北：结构群文化事业有限公司，1990.
[57] ［美］约翰逊.伽达默尔［M］.何卫平，译.北京：中华书局，2003.
[58] 汪子嵩，范明生，陈村富，等.希腊哲学史：第1卷［M］.北京：人民出版社，1997.
[59] 艾思奇.辩证唯物主义历史唯物主义［M］.北京：人民出版社，1962.
[60] 艾思奇.辩证唯物主义纲要［M］.北京：人民出版社，1978.
[61] 孙伯鍨.探索者道路的探索［M］.南京：南京大学出版社，2002.
[62] 孙伯鍨，张一兵.走进马克思［M］.南京：江苏人民出版社，2001.
[63] 张一兵.回到马克思——经济学语境中的哲学话语［M］.南京：江苏人民出版社，2020.
[64] 张一兵.马克思历史辩证法的主体向度［M］.南京：南京大学出版社，2002.
[65] 唐正东.斯密到马克思——经济哲学方法的历史性诠释［M］.南京：南京大学出版社，2002.
[66] 吴晓明.形而上学的没落［M］.北京：人民出版社，2006.
[67] 吴晓明，陈立新.马克思主义本体论研究［M］.北京：北京师范大学出版社，2012.
[68] 吴晓明.黑格尔的哲学遗产［M］.北京：商务印书馆，2020.
[69] 陈先达.走向历史的深处——马克思历史观研究［M］.北京：中国人民大学出版社，2006.
[70] 孙正聿.马克思主义辩证法研究［M］.北京：北京师范大学出版社，2012.
[71] 丰子义.走向现实的社会历史哲学——马克思社会历史理论的当代价值［M］.武汉：武汉大学出版社，2010.

[72] 聂锦芳.批判与建构：《德意志意识形态》文本学研究［M］.北京：人民出版社，2012.
[73] 段忠桥.重释历史唯物主义［M］.南京：江苏人民出版社，2009.
[74] 邓晓芒.实践唯物论新解：开出现象学之维［M］.武汉：武汉大学出版社，2007.
[75] 陈学明，马拥军.走近马克思——苏东剧变后西方四大思想家的思想轨迹［M］.上海：东方出版社，2002.
[76] 张异宾，唐正东.探索与反思——哲学家孙伯鍨［M］.南京：南京大学出版社，2004.
[77] 孙伯鍨，侯惠勤.马克思主义哲学的历史和现状［M］.南京：南京大学出版社，2009.
[78] 张一兵.马克思哲学的历史原像［M］.北京：人民出版社，2009.
[79] 孙承叔.真正的马克思［M］.北京：人民出版社，2009.
[80] 张一兵，周嘉昕.马克思恩格斯资本主义科学批判构架的历史生成［M］.南京：江苏人民出版社，2009.
[81] 唐正东，孙乐强.经济哲学视域中的当代资本主义批判理论［M］.南京：江苏人民出版社，2009.
[82] 俞吾金.被遮蔽的马克思［M］.北京：人民出版社，2012.
[83] 孙伯鍨.历史、实践与社会［M］.南京：江苏人民出版社，2013.
[84] 张一兵.实践塑型与社会历史构境［M］.南京：江苏人民出版社，2013.
[85] 唐正东.资本的附魅及其哲学解构［M］.南京：江苏人民出版社，2013.
[86] 唐正东.当代资本主义新变化的批判性解读［M］.北京：经济科学出版社，2016.
[87] 张一兵.资本主义理解史［M］.南京：江苏人民出版社，2009.
[88] 郭云峰.实践与时间——对马克思时间概念的历史性解读［M］.南京：南京大学出版社，2016.
[89] 杨耕.马克思主义历史观研究［M］.北京：北京师范大学出版社，2012.
[90] 马俊峰.马克思主义价值理论研究［M］.北京：北京师范大学出版社，2012.

[91] 吕世荣，姚顺良.马克思主义视域中的经济全球化［M］.北京：人民出版社，2014.

[92] 冯雷.理解空间——现代空间观念的批判与重构［M］.北京：中央编译出版社，2008.

[93] 刘怀玉.现代性的平庸与神奇：列斐伏尔日常生活批判哲学的文本学解读［M］.北京：中央编译出版社，2006.

[94] 刘林元，姚润皋.中国马克思主义哲学史［M］.南京：江苏人民出版社，2007.

[95] 张一兵.孙伯鍨哲学思想研究文集［M］.南京：南京大学出版社，2023.

[96] 苗力田.古希腊哲学［M］.北京：中国人民大学出版社，1989.

[97] 熊伟.自由的真谛——熊伟文选［M］.北京：中央编译出版社，1997.

[98] 倪梁康.自识与反思：近现代西方哲学的基本问题［M］.北京：商务印书馆，2002.

[99] 张祥龙.海德格尔思想与中国天道：终极视域的开启与交融［M］.北京：中国人民大学出版社，2011.

[100] 张荣.自由、心灵与时间：奥古斯丁心灵转向问题的文本研究［M］.南京：江苏人民出版社，2010.

[101] 胡大平.后革命氛围与全球资本主义——德里克“弹性生产时代的马克思主义”研究［M］.南京：南京大学出版社，2002.

[102] 王恒.时间性：自身与他者——从胡塞尔、海德格尔到列维纳斯［M］.南京：江苏人民出版社，2006.

[103] 熊进.论马克思的时间概念［M］.武汉：武汉大学出版社，2014.

[104] 赵洪.《资本论》第一稿研究［M］.济南：山东人民出版社，1992.

[105] 潘于旭.断裂的时间与“异质性”的存在——德勒兹《差异与重复》的文本解读［M］.杭州：浙江大学出版社，2007.

[106] 黄裕生.时间与永恒——论海德格尔哲学中的时间问题［M］.南京：江苏人民出版社，2012.

[107] 孙乐强.马克思再生产理论及其哲学效应研究［M］.南京：江苏人民出版社，2016.

[108] 孙乐强.《资本论》的哲学思想及其当代效应研究［M］.北京：北京师范大学出版社，2022.

[109] 郭华.偶然相遇的唯物主义——阿尔都塞晚期哲学思想研究［M］.北京：北京师范大学出版社，2018.

[110] 包国祥.时间与自由——从永恒本体到历史生存［M］.呼和浩特：内蒙古人民出版社，2011.

[111] ［德］哈贝马斯.作为“意识形态”的技术与科学［M］.李黎，郭官义，译.上海：学林出版社，1999.

[112] ［英］麦克莱伦.马克思传［M］.王珍，译.北京：中国人民大学出版社，2006.

[113] ［意］默斯托.马克思的《大纲》——《政治经济学批判大纲》150年［M］.闫月梅，等译.北京：中国人民大学出版社，2011.

[114] ［联邦德国］施密特.马克思的自然概念［M］.北京：商务印书馆，1988.

[115] ［德］海德格尔.海德格尔选集［M］.孙周兴，选编.上海：上海三联书店，1996.

[116] ［德］海德格尔.存在与时间［M］.陈嘉映，王庆节，译.北京：生活·读书·新知三联书店，1999.

[117] ［法］阿尔都塞.保卫马克思［M］.顾良，译.北京：商务印书馆，1983.

[118] ［法］阿尔都塞，巴里巴尔.读《资本论》［M］.李其庆，冯文光，译.北京：中央编译出版社，2001.

[119] ［法］阿尔都塞.黑格尔的幽灵——政治哲学论文集Ⅰ［M］.唐正东，吴静，译.南京：南京大学出版社，2005.

[120] ［法］鲍德里亚.生产之镜［M］.仰海峰，译.北京：中央编译出版社，2005.

[121] ［德］洛维特.从黑格尔到尼采［M］.李秋零，译.北京：生活·读书·新知三联书店，2006.

[122] ［比］曼德尔.晚期资本主义［M］.马清文，译.哈尔滨：黑龙江人民出

版社，1983.

[123] 苏联科学院哲学研究所.马克思主义哲学原理［M］.北京：人民出版社，1959.

[124] ［南］马尔科维奇，彼德洛维奇.南斯拉夫“实践派”的历史和理论［M］.郑一明，曲跃厚，译.重庆：重庆出版社，1994.

[125] POSTONE M.Time, Labor and Social Domination: A Reinterpretation of Marx's Critical Theory［M］.Cambridge: Cambridge University Press, 1993.

[126] LEFEBVRE H.The Production of Space［M］.NICHOLSON-SMITH D trans. Oxford: Blackwell Ltd, 1991.

[127] HARVEY D.The Limits to Capital［M］.Oxford: Basil Blackwell, 1982.

[128] CASTELLS M.The Urban Questions: A Marxist Approach［M］. SCHERIDANE A trans. Cambridge: MIT Press, 1979.

[129] JESSOP B.State Theory: Putting the Capitalist State in Its Place［M］. Cambridge: Polity Press, 1990.

期刊

[1] ［美］杜特.什么是实践哲学——伽达默尔访谈录［J］.金惠敏，译.西北师大学报（社会科学版），2005（1）:7-10.

[2] 刘奔.时间是人类发展的空间——社会时—空特性初探［J］.哲学研究，1991（10）: 3-10.

[3] 俞吾金.马克思时空观新论［J］.哲学研究，1996（3）: 11-19.

[4] 张奎良.马克思时空观新论［J］.江海学刊，2004（1）: 11-17.

[5] 辛世俊.略论费尔巴哈的时空观［J］.郑州大学学报（哲学社会科学版），1985（S1）: 57-62.

[6] 孙伯鍨，张一兵，唐正东.“历史之谜”的历史性剥离与马克思哲学的深层内涵［J］.南京大学学报（哲学.人文科学.社会科学版），2000（1）:

5-12.

[7] 张一兵.实践：在何种意义上成为马克思科学方法论的基石——经济学视域中的《关于费尔巴哈的提纲》［J］.学习与探索，1998（6）: 64-69.

[8] 张一兵.马克思历史唯物主义中的历史概念［J］.哲学研究，1998（9）: 3-11.

[9] 张一兵.作为哲学本体规定的历史与时间——从黑格尔到马克思［J］.江海学刊，2000（2）: 79-81.

[10] 张一兵.马克思：自在之物与事物自身之谜的破解——历史唯物主义的构境论阐释［J］.南京大学学报（哲学.人文科学.社会科学版），2015，52（2）: 5-16+158.

[11] 张一兵，蒙木桂.物、实践与历史性的时间——论历史唯物主义的本质［J］.河北学刊，2003（1）: 46-50.

[12] 张一兵.资本主义生产方式与东方道路——晚年马克思的思考［J］.吉林大学社会科学学报，2023，63（2）: 120-135+237.

[13] 张一兵.经济拜物教批判与科学的异化概念——《资本论》第一卷（德文第一版）研究［J］.天津社会科学，2023（1）: 58-70.

[14] 俞吾金.一个被遮蔽了的“康德问题”——康德对“两种实践”的区分及其当代意义［J］.复旦学报（社会科学版），2003（1）: 16-23.

[15] 俞吾金.物、价值、时间和自由——马克思哲学体系核心概念探析［J］.哲学研究，2004（11）: 3-10+95.

[16] 吴晓明.社会现实的发现：黑格尔与马克思［J］.马克思主义与现实，2008（2）: 9-14.

[17] 吴晓明.马克思的存在论革命与超感性世界神话学的破产［J］.江苏社会科学，2009（6）: 25-32.

[18] 吴晓明.马克思的存在论革命与通达社会现实的道路［J］.云南大学学报（社会科学版），2011，10（6）: 83-88+94.

[19] 吴晓明.论马克思辩证法的“实在主体”［J］.哲学研究，2020（8）: 11-24+128.

[20] 孙伯鍨，刘怀玉.“存在论转向”与方法论革命——关于马克思主义哲学

本体论研究中的几个问题［J］.中国社会科学，2002（5）: 14-24+203.
[21] 唐正东.马克思在何种意义上是一位现代哲学家［J］.哲学研究，2002（5）: 33-39+81.
[22] 唐正东.马克思与“劳动崇拜”——兼评当代西方学界关于马克思劳动概念的两种代表性观点［J］.南京社会科学，2005（4）: 1-6.
[23] 唐正东.有原则的实践：马克思实践概念的应有之义及当代意义［J］.马克思主义与现实，2014（3）: 30-34.
[24] 唐正东.马克思对古典经济学的超越及其哲学意义［J］.北京师范大学学报（社会科学版），2022（4）: 5-13.
[25] 孙正聿.历史唯物主义的真实意义［J］.哲学研究，2007（9）: 3-7+127.
[26] 王南湜.马克思的历史概念［J］.哲学研究，2007（10）: 3-8+127.
[27] 王南湜.“自然辩证法”的再理解［J］.福建师范大学学报（哲学社会科学版），2020（4）: 7-17+169.
[28] 马俊峰.马克思世界历史理论的方法论意义［J］.中国社会科学，2013，（6）: 4-20.
[29] 杨学功，孙伟平.从马克思的“世界历史理论”看全球化［J］.教学与研究，2001，（4）: 39-46.
[30] 汪行福.空间哲学与空间政治——福柯异托邦理论的阐释与批判［J］.天津社会科学，2009（3）: 11-16.
[31] 邹诗鹏.空间转向与虚无主义［J］.现代哲学，2012（3）: 1-7.
[32] 郁建兴.全球化的新分析框架如何可能［J］.现代哲学，2003（4）: 1-9.
[33] 胡大平.从历史唯物主义到历史地理唯物主义：哈维对马克思主义的升级及其理论意义［J］.南京大学学报（哲学.人文科学.社会科学版），2004（5）: 12-15.
[34] 王浩斌.阶级范畴与历史唯物主义的“物”概念［J］.教学与研究，2009（11）: 23-27.
[35] 段忠桥.当前英美马克思主义研究的重要成果——戴维·哈维的《新帝国主义》及其意义［C］.国外马克思主义与当代中国——第三届国外马克思主义论坛会议论文集.中国人民大学哲学院，2008 : 8.

[36] 张文喜."实践"与"操心"的时间性阐释——海德格尔、马克思论"存在与时间"［J］.学习与探索，2002（3）: 1-6.

[37] 邓晓芒.马克思论"存在与时间"［J］.哲学动态，2000（6）: 11-14.

[38] 胡大平.日常生活的时间意识与历史意识的时间性［J］.江海学刊，2000（2）: 87-90.

[39] 胡大平.从机器体系到技术社会：马克思的视角［J］.社会科学战线，2023（7）: 11-17.

[40] 杨耕，赵军武.关于"时间是人的生命尺度"的断想［J］.学术界，2008（2）: 7-14.

[41] 杨耕.哲学的本性与位置［J］.哲学动态，2012（11）: 11-14.

[42] 段忠桥.科恩对历史唯物主义的再思考［J］.哲学研究，2013（2）: 21-28+127.

[43] 王浩斌.经济危机与马克思的政治经济学批判［J］.江海学刊，2009（2）: 24-29.

[44] 仰海峰.资本逻辑与时间规划——基于《资本论》第一卷的研究［J］.哲学研究，2013（2）: 3-11+127.

[45] 仰海峰.异化逻辑・生产逻辑・资本逻辑：马克思哲学发展中的三次重要转换［J］.江汉论坛，2022（1）: 15-22.

[46] 刘森林.透视唯物史观中的发展主义［J］.河北学刊，2005（3）: 111-115.

[47] 刘森林.马克思与虚无主义：从马克思对施蒂纳的批判角度看［J］.哲学研究，2007（7）: 14-21+128.

[48] 张汝伦.海德格尔的实践哲学［J］.哲学研究，2013（4）: 60-67+128-129.

[49] 于俊文，张忠任.马克思的自由时间理论［J］.当代经济研究，2003（1）: 14-19+73.

[50] 孙乐强.马克思社会时间理论的三重视域［J］.福建论坛（人文社会科学版），2005（9）: 53-57.

[51] 孙乐强.重新理解《资本论》的哲学意义及其历史地位［J］.哲学研究，2012（11）: 16-22.

[52] 孙乐强.全球化时代的资本逻辑批判——一种可能的建构方案［J］.求是学刊，2020，47（6）: 33-42.

[53] 姜迎春.马克思政治经济学批判的理论特色［J］.江海学刊，2009（2）: 29-34.

[54] 郭云峰.实践与生产：分立还是统一——对伽达默尔和马克思实践概念的比较分析［J］.江苏社会科学，2010（4）: 35-39.

[55] 郭云峰.中国哲学何处去？——与张世英先生商榷［J］.兰州学刊，2017（1）: 95-101.

[56] 郭云峰.实践哲学：对形而上学的克服与超越［J］.苏州大学学报（哲学社会科学版），2018，39（1）: 14-20+191.

[57] 陈红桂.时间、景观时间与自由时间——对居伊·德波《景观社会》中时间观的评析［J］.马克思主义研究，2008（5）: 90-97.

[58] 何畏.科学：解放的力量抑或意识形态奴役：马克思与法兰克福学派的科学观比较研究［J］.南京社会科学，2009（8）: 27-31.

[59] 陈方平.从实践到生产——哲学与现实的关系［J］.沧桑，2013（3）: 82-85.

[60] 盛卫国.时间与自由——马克思时间思想的内在逻辑［J］.南京社会科学，2007（10）: 21-29.

[61] 王恒.海德格尔时间性的缘起［J］.江海学刊，2005（6）: 214-220.

[62] 王恒.时间与存在——后期海德格尔的时间性疏论［J］.江苏行政学院学报，2005（6）: 13-17.

[63] 熊进.马克思时间概念的三维特质［J］.北方论丛，2011（6）: 107-113.

[64] 张汝伦.海德格尔与实践哲学［J］.哲学动态，2005（2）: 3-7.

[65] 高伟.论自由时间哲学的谱系［J］.自然辩证法研究，2003（1）: 10-14.

[66] 高秉江.胡塞尔的内在时间意识与西方哲学的时间观［J］.求是学刊，2001（6）: 29-35.

[67] 胡自信.时间是存在的本质——海德格尔论黑格尔的时间概念［J］.晋阳学刊，1995（1）: 62-68.

[68] 余治平.时间的哲学［J］.东南学术，2002（3）: 115-123.

[69] 鲁路.伽达默尔的瞬间概念［J］.江苏行政学院学报，2012（3）: 13-18.

[70] 邹平林，杜早华.时间与历史：人的命运及其存在的意义——马克思、海德格尔比较研究［J］.社会科学论坛，2010（21）: 52-59.

[71] 陈桂芝，周晓阳.论马克思的时间观及其现代价值［J］.湖南社会科学，2009（3）: 16-18.

[72] 阳剑兰.马克思的时间概念［J］.湖南社会科学，2009（4）: 15-17.

[73] 高鸿.近年来马克思社会时空观研究综述［J］.教学与研究，2003（10）: 60-65.

[74] 李春敏.近年来马克思社会空间思想研究综述［J］.南京政治学院学报，2010，26（3）: 121-125.

[75] 刘怀玉.历史唯物主义的“空间化”概念探源［J］.河北学刊，2021，41（1）: 40-51.

[76] 王维平，张娜娜，付文军.《资本论》与马克思的时空理论［J］.南京社会科学，2016（7）: 43-50.

[77] 庄穆，周丹.马克思和哈维的时空观比较研究［J］.北京航空航天大学学报（社会科学版），2015，28（3）: 80-85.

[78] 倪静.近年来国内学界关于马克思主义社会时空观的研究综述［J］.广西教育学院学报，2022（5）: 108-122.

[79] 孙全胜.马克思“空间生产”理论研究回顾与展望［J］.社会科学动态，2023（3）: 11-18.

[80] 顾建红.时间与时间性：马克思的感性时间观及其现象学精神［J］.社会科学战线，2021（11）: 9-15.

[81] 郑伟，曹一迪.马克思“自由时间观”的阐释模式分析［J］.马克思主义与现实，2023（1）: 71-77.

[82] 孙伯鍨.马克思的实践概念——纪念《关于费尔巴哈的提纲》写作150周年［J］.哲学研究，1995（12）:5-12.